3日でわかる法律入門

はじめての六法

第8版

尾崎哲夫著

自由国民社

はじめに――法律をみんなのものに

❖私たちと法律

この本は，法律の中の柱である「六法」を中心に，法律全体への入口となる入門書を目指して書きました。

私たちは，好むと好まざるとにかかわらず，法律の網の目の中で暮らしています。平穏な日常生活の中では，あまり法律を意識しないのですが，トラブルに巻き込まれたり，取引生活を繰り返す中で法律を意識せざるを得なくなります。法律を知らずに社会生活を送ることは，羅針盤なしに航海することと同じです。法律の基本を知りながら社会生活を送ると，生活の節目節目で自信を持って行動することができます。

この場合はこうだ，もし紛争になったら次のような手が打てる，相手の出方によっては私は別の行動をとろう……このように，生活の曲がり角にぶつかるたびに対象を交通整理しながら自信を持ってハンドルを切ることができるようになります。この奥深い自信は，獲得した者でなければわからないほどに，社会生活を強く推進するエンジンになるものです。

❖法律ごとの学習という枠組み

この国の法律に関する教育は，明治以降，大学の中の六法を中心とする各講座で展開されてきました。六法まとめてというより，憲法，民法，刑法というように個別の法律ごとに各研究者が学問しつつ，その結果を学生や社会に提示し，裁判所などの実務の世界もそのレールに乗って枠組みどおり進められてきました。

つまり六法（憲法・民法・刑法・商法・民事訴訟法・刑事訴訟法）についてそれぞれ科目があり，研究も教育も実務も基本的にはそのレールを（幾分か修正しながらも）走ってきました。法律全体を教える，という視点や機会は少なかったと思います。

大学の講義でも，法学概論や法哲学という科目がありますが，法解釈の一般論や思想背景を抽象的に教えることが中心でした。民法や商法などの勉強に入る前に，プレ授業として六法全体を解説し，学生が六法のレールにうまく乗れるようにするという工夫は少なかったように思われます。

❖法律を知る者と知らない者

大学２年の４月になると，法学部では民法，刑法，憲法という各科目のレールが始まり，講義はたとえば週１回のペースで，横にあるレールとお互いに交わることなく進んでいきます。教室で学ぶ学生は，民法の一条一条，刑法の一条一条，憲法の一条一条の各条文についての説明が，それぞれ特に関連づけられることなく進んでいくのを「もう少し我慢したらわかってくるだろう」と考えつつ，ノートにペンを走らせます。理解力と忍耐力のある少数者は，その中で法律世界全体の概観をつかんでいき，その中でさらに選ばれた人は資格試験に合格して，法律の専門家としての道を歩みます。

一方，法律の基本を理解しきれなかった人や法学部卒業以外の多くの市民は，法律から取り残されています。自分たちを拘束し規律している法律を知らないまま，何となく意識しつつも，いざとなったら弁護士に相談するが費用は高いだろうな……と考え，自然とトラブルを避けて生活する人も多いでしょう。トラブルを避けるのはもちろん悪いことではありません。しかしそれが，法律を知らない人たちの泣き寝入り，我慢という結果になったら問題です。強者のわがままが通り，正直者が損をするという社会になってしまってはいけません。

❖誰もが「法律を知る」社会に！

この本は，法学部の学生さんだけではなく，社会で生活する市民すべてが，究極的には日本の国民みんなが，法律の基本を理解しつつ豊かな社会生活を営み，正直者が損をしない社会を創るため，編集担当者である自由国民社の竹内尚志氏と共に，祈りをこめて出版するものです。

法律を，強者の武器でなく，真面目に生きる人々の最良の対抗力にするため，多くの読者の皆さんがこの本をきっかけに法律を理解されることを願ってやみません。

2022年7月吉日

尾崎哲夫

〈付記〉

本書は，私にとって特別な思いがあるものですが，応援してくれた妻清香と娘朝香に感謝の気持ちを記すことをお許し下さい。

この本の使い方

この本は，法律の中でも中心となるいわゆる「六法」，つまり憲法，民法，刑法，商法，民事訴訟法，刑事訴訟法の概要を理解する入門学習に最適な内容になっています。

この本の第1時間目から第6時間目までを，それぞれ上記の順番で六法の各法律に対応させています。

そしてこの本の第0時間目は法律や法律学全体についての「序論」として，一番前に持ってきました。

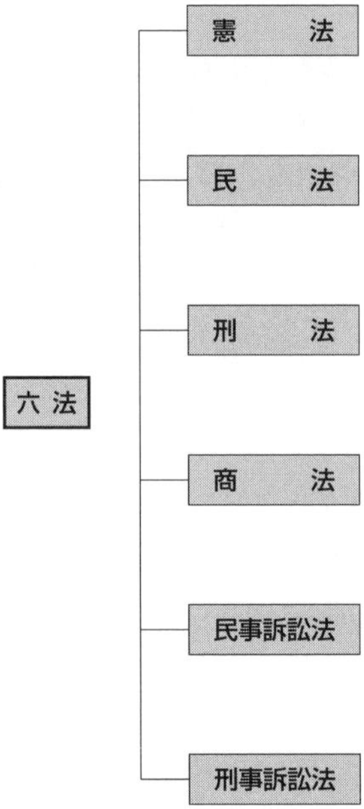

基本的なことがらについては，必要に応じて図で説明しました。抽象的な法律のしくみをできるだけイメージしやすくするためです。

また学習を進めていく上でまとまったことがらについても，黒板の中にできるだけまとめるようにしました。大事なポイントがはっきりわかり，知識の整理に役立つはずです。

また法律に関する試験を受けることになったときにも，この本で身につけた基本事項を黒板で効率的に確認できます。

覚える方がよいと思われることがらについては，黒板のまとまりごとに記憶し，次のステップに対する準備としてください。

なおこの本の内容は，2022年6月までに公布された法令，法改正などにもとづいています。2020年4月から施行された民法の改正にも対応済みです。

巻末には若干の付録とさくいんをつけました。さくいんは基本的な法学用語の確認にご利用ください。

もくじ

本文デザイン——中山銀士　カバーデザイン——JK　付録カット——すがわらけいこ

0時間目
序論
「法律学」って何だろう？

▶六 法

憲法	国の基本法
民法	市民の法律
刑法	罪と罰の法律
商法	ビジネスの法律 （中心となるのは会社法）
民事訴訟法	私人間の争いの裁判手続き
刑事訴訟法	犯罪についての裁判手続き

❶▸法律学とは

●1●
なぜ法律学から出発するのか

「**六法**」という言葉は，法律を学んだことのない人でも耳にしたことがあると思います。具体的には，憲法，民法，刑法，商法，民事訴訟法，刑事訴訟法，これら六つの法を指します。この本は，六法について，その基本をズバリ解説します。

ただ，その前に，どうしても知っておかなければならないことがあります。それは，法律学についてです。**六法は The King of Law（法律の中の法律）**ですが，六法を学ぶということは，法律を学ぶということに他なりません。

法律を学ぼうとするとき，いきなり憲法や民法総則などの本を手に取る人もいるでしょう。この方法も間違っているとは言えません。むしろ，独学で法律を勉強する場合にはこれが一般的かもしれません。

しかし，この方法だと，一見近道なように見えて，実は遠回りをしてしまう可能性があります。つまり，いきなり個別の法律をブツ切りに学ぶと，確かに個別の法律についての知識はつくでしょうが，結局それ以上の，法律の本質については学びとることが難しくなるということなのです。いわゆる「木を見て森を見ず」という状態です。そのため，六法を学ぶ前には，まず，**法律学とは何か**について知っていただきたいのです。

ただ，法律学を掘り下げるために法哲学や法社会学といった分野にまで話を広げてしまうと，遠回りしすぎでしょう。法律初学者にとって最低限必要である法律学のコアの部分を上手に見渡すのが，一番いい方法だと思います。

読者の皆さんは安心してください。上記の点について，法律学の全体像をつかんだ後に六法の基礎を学ぶというコースが，この1冊でできるよう構成されています。ですから，まず本章で法律学のエッセンスをしっかり吸収した上で，次に一気に六法を駆け抜けましょう。そうすることで，ブツ切りに六法を勉強するよりも，より少ない量で，より深い理解が得られるはずです。

●2●
法とは何か

法律学の前に，「**法**」とは何かについて簡単に説明します。

まず，厳密に言うと「法」と「法律」とは意味が違います。両者は，区別して使われないこともあります。区別して使われていない場合の両者の意味は，たいてい，公的な機関が作った社会のルール全般，つまり，国会が作る民法や刑法などの法律，行政機関が作る命令や規則，地方自治体が作る条例，などのことを指します。

区別して使われる場合の「法」は，人間が作ったルールではなく，もともと存在する正しい真理，法則のことをいいます。厳密には区別して使われますが「道徳」という言葉と置き換えてもそれほど問題ないと思います。また，「正しい」という指針が加わることも忘れないでください。

それに対して「法律」は，「～は～であるべきだ」という価値観を実現するために，人間が作った道具です。人が作ったものですから，時代や場所によって「～であるべき」とする基準は変わります。絶対的・普遍的なものではないのです。

「法」と「法律」(区別する場合の意味の違い)
①法　もともと存在する正しい真理，法則　「自然法」
②法律　「～であるべき」という価値観の実現のために作るルール

●3●
条文解釈の必要性と重要性

法律学とは何か，という問いに一言で答えるならば，「法律の解釈」です。つまり，**法律を構成する一つひとつの条文の意味を考えることが，法律学**と呼ばれる学問です。

この点，法律を少しでもかじったことのある方は，心裡留保《しんりりゅうほ》や時効といった法制度，法律のシステムを学ぶこと，それ自体が法律学だと思われているかもしれません。もちろん，法制度などの習得は法律を学ぶに当たっての重要なプロセスです。しかし，これは法律学の前提部分であって，本質ではありません。

法律学の本質は，あくまでも**条文解釈**です。これは大事なことなので，しっかり頭に入れておいてください。法律を学ぶ過程において，いろいろな壁に当たることがあると思いますが，その時はぜひこの原則に立ち返って考えてみてください。道が開けると思います。

しかし，言葉で言うのは簡単ですが，まだ納得されていない読者の方もいらっしゃるでしょう。比較的イメージを持ちやすいと思われる刑法199条（殺人罪）を使って，以下に，具体的に説明します。この条文は次のように規定されています。

「人を殺した者は，死刑又《また》は無期若《も》しくは五年以上の懲役に処する。」

いかがでしょうか。単純な条文なので，一読するだけでは特に疑問もわいてこないかもしれません。読んで字のごとく，どうやらこの条文は，人を殺すことを戒める条文のようですね。

しかし，次の疑問に，あなたは明快に答えることができますか。

①「人」とは，どの段階から「人」にあたるのでしょうか。
②「殺す」とは，どういう行為なのでしょうか。
③「人」が「殺された」状態，すなわち「死」とは，どのような状態を言うのでしょうか。

もっと具体的に言うと，まず①について，胎児が産道から頭だけ出した状態は，「人」と言えるでしょうか。妊娠中の母親のお腹の中にいる胎児は，「人」にあたるでしょうか。もっと前の段階である受精卵は，「人」にあたるでしょうか。

次に②について，「殺す」と聞けば，刃物でブスリと突き刺す行為，致死量の毒を飲ませる行為，断崖絶壁から突き落とす行為などがイメージできますが，母親が0歳の赤ちゃんにミルクを与えず餓死させた場合，この母親は「殺す」という行為をしたと言えるでしょうか。あるいは，恋人に

「心中しよう」ともちかけて，相手に自分の杯《さかずき》に毒を入れさせる行為は，「自殺」でしょうか，それとも恋人が「殺した」ことになるのでしょうか。

さらに③のように，どの瞬間から「死」の状態と言えるのかも，疑問です。心臓が止まった時でしょうか。瞳孔《どうこう》が開いた時でしょうか。脈が止まった時でしょうか。また，脳死はどう扱うのか，という問題もあります。

このように，この短い条文一つを例にとっても，ざっと思いつくだけでこれだけの疑問点が生じます。

これらのような疑問点を解きほぐしていくのが，条文解釈です。つまり，法律の条文は必ずしも意味が一義的ではないため，適用にあたっては，その意味をどのように捉えるか，ということが大きな問題となります。そして，この意味を考えるのが条文解釈であり，この解釈を研究する学問こそが，法律学です。

ちなみに，①の疑問の結論としては，「人」とは産道から胎児の体の一部が露出した状態をいう，というのが刑法上の通説的な見解で，「一部露《いちぶろ》出説《しゅつせつ》」と呼ばれる考え方です。民法上はまた違う見解が採られます。なぜこのような違いが生じるのかを考えてみるのも有意義なことだと思います。②については，「殺す」という行為には，積極的な加害行為ではない，不作為《ふさくい》も含めるのが通説の考え方です。したがって，赤ちゃんにミルクを与えないで餓死させる行為は，「殺す」という行為にあたると解釈することができます。③の「死」の状態とは，心臓・脈拍が停止し，瞳孔が開いている状態をいう，とする「三徴候説《さんちょうこうせつ》」が刑法上の通説的見解です。ただ，最近は脳死を人の死とする「脳死説」も有力です。

しかし，なぜ，法律の条文は解釈を経なくてはならないようになっているのでしょうか。こんなややこしいプロセスが必要なら，最初から解釈の余地のないような文面にしておけばよいのに，と大抵の人は思うのではないでしょうか。もちろんその疑問には一理ありますが，そうでないのには以下の理由があると言えます。

第一に，**法律は，物理的問題から，一般的・抽象的にならざるをえない**ということが挙げられます。法律は不特定多数の人・事象を対象として作成されるため，その文言はどうしても一般的・抽象的にならざるをえません。あらゆる人のあらゆる事態を想定した文面を作成するのは非常に困難ですし，現実的ではないということです。これは，消極的理由と言えるでしょう。

第二に，**法律は，すべての人・すべての事象について平等に適用されるような，一般的・抽象的な内容でなければなりません**。憲法は 14 条で法の下の平等を保障しているため，特定の個人だけを狙い撃ちするような法律を制定することは許されません。一般性・抽象性が求められているのです。たとえば，ある国会議員が「あの野党議員のことが気に食わないから，あいつの財産を没収する法律を制定してやろう」としても，これは明らかに法の下の平等に違反するため，許されないのです。これは，積極的理由と言えるでしょう。

さらに，**政策的な理由から，あえて一般的・抽象的な内容とされることもあります**。法律の運用に弾力性を持たせるために，あえて解釈の余地を残しておくような規定にしておこうというわけです。

たとえば，平成 17 年改正前の商法では「番頭《ばんとう》」や「手代《てだい》」という，おそろしく時代遅れな文言が使われていました。現在ではこれらの言葉が実生活において頻繁に使われることはないと思いますが，この条文が制定された当初の社会規範においては何ら不自然ではない適切な言葉でした。しかし，時が経つにつれて社会規範が変化し，法律と社会規範のギャップが生じます。そして，法改正がこれに追いつかない，あるいは，いろいろな方面の利害関係が絡んで思うように改正できない，ということもまた，しばしば起こります。もっとも，この愛すべき名称たちも会社法の大再編によって消えました。

そのため，社会規範が変化しても，これに柔軟に対応できるように，ある程度あいまいな文言にして，具体的なルールの確定は裁判にゆだねようとするのです。青色 LED 訴訟等で有名になった特許法 35 条「相当の利益」という文言は，まさにこの典型と言えるでしょう。職務発明による特許について，発明者に一体どれほどの報酬を与えればよいのか，日本ではその基準がまだはっきりと確立されていないため，立法者はあえて「相当の利益」というあいまいな文言を規定するにとどめ，その具体的な内容の確定を裁判所にゆだねたというわけです。もっとも，これらの理由は表裏の関係にあり，厳密に区別できるわけではありません。

以上を整理しましょう。

①法律は，物理的問題から，一般的・抽象的にならざるを得ない
②法律は，すべての人・すべての事象について平等に適用されるような，一般的・抽象的な内容でなければならない
③政策的な理由から，あえて一般的・抽象的な内容にすることもある

法律の重要性が増せば増すほど，その影響力は強く，対象となる事象も広くなるため，条文の文言の一般性・抽象性は強くなります。

特に，六法は極めて重要な法律です。その影響力も他の法律からは抜きん出ているため，必然的に一般的・抽象的な規定が多くなります。そのため，六法の運用にあたっては，解釈が必要な文言が多くなり，この解釈が重要な意味を持ってくるのです。

●4●
法解釈の技法

解釈の必要性と重要性については今説明したとおりですが，では，具体的にどのように解釈していくのでしょうか。ここでは法解釈の六つの具体的技法を紹介します。

①文理《ぶんり》解釈
②論理解釈
③拡張解釈
④縮小解釈
⑤類推《るいすい》解釈
⑥反対解釈

ある自然公園に，「自家用車およびバイクの乗り入れは禁止する」という規約があるとします。

この規約をそれぞれの解釈技法を用いて解釈するとどのようになるかを検討しながら，順に説明していきましょう。

①**文理解釈**は，条文の文言・文意を常識に従って素直に解釈する技法です。要するに，「解釈」とは言うものの，文言通り，普通に意味を捉えます。この解釈技法は，法解釈のベースとなる技法です。

上記の規約を文理解釈すると，文字通り，「自家用車とバイクの乗り入れはダメなのだな」と解釈できます。

②**論理解釈**は，特定の法律や法全体に論理操作を加えることによって，文理解釈ではうまく解釈できない場合に使われる技法です。

上記の規約を論理解釈すると，「歩行者の安全確保や植物保護の目的があるのだと考えれば，自家用車とバイクに限らず，両者を脅かす可能性のある乗り物は全体的に乗り入れ禁止なのだな」と解釈できます。

③**拡張解釈**は，条文の文言本来の意味を拡張して解釈する技法です。

上記の規約を拡張解釈すると，「自家用車とバイクはエンジンのある乗り物だから，電動自転車も乗り入れてはダメなのだな」と解釈できます。

④**縮小解釈**は，条文の文言本来の意味を縮小して解釈する技法です。

上記の規約を縮小解釈すると，「安全運転するし，排気ガスもでないから，乗り物だけどセグウェイなら乗り入れてもいいよね」と解釈できます。

⑤**類推解釈**は，ある事象に適用する条文が存在しない場合に，他の類似した条文をあてはめて解釈する技法です。

上記の規約を類推解釈すると，「自家用車とバイクが，歩行者の安全確保と植物保護の目的で乗り入れ禁止なのだから，自転車も人にぶつかると危ないし植物を踏みつぶしたりするから禁止だね」と解釈できます。

⑥**反対解釈**は，ある事実に適用する条文が存在しない場合に，存在しないこと自体に意味を持たせ，その事実は規制されていないものと解釈する技法です。

上記の規約を反対解釈すると，「自家用車とバイクが禁止されているのだな。だったら，観光バスは自家用車でもバイクでもないからOKだね」と解釈できます。

●5●
法の目的と解釈

法解釈は以上のような技法によって行われますが，実際に法解釈をする場合，どんな場合にどの技法を用いたらよいのでしょうか。つまり，これらの技法はどのように使い分けるのか，用い方に何らかの規則性があるのかという疑問が湧いてきます。

この疑問は非常に難しい問題です。結論的には，使い分け方には厳密な意味での規則性はありません。詰まるところ，**ケースバイケースで適宜適切な解釈技法を選択する**ことになるのです。

渡辺洋三先生（東大名誉教授）の比喩を引用しましょう。

「たとえば音楽における作曲と演奏の関係に似ている。演奏家のまえには，素材として作曲家のつくった楽譜がある。しかし演奏家は，それぞれの芸術的判断にもとづいて，同じ楽譜を使いながら異なった演奏をする。ショパンやモーツァルトの同一の作品でも，ピアニストや指揮者が異なれば，私たちは異なった感銘と印象を受ける。

こうして楽譜は，ひとたびそれがつくられると，作曲家の手をはなれて一人歩きするように，法規もまた，立法者の手をはなれて一人歩きする。解釈者の実践的解釈によって，立法者の予測しなかった意味内容をあたえられ，あたかも別な『法』であるかのように作用する。演奏家が楽譜をつうじて新しい芸術的創造作用をいとなむように，法解釈者もたえず新しい法創造作用を行っている。」（渡辺洋三著，1998 年，岩波新書「法とは何か」224 ページより引用）

楽譜は条文，作曲は立法，演奏は解釈，演奏家は解釈をする人ですね。この比喩でも，同じ一つの条文が，解釈する人によって価値判断の結果が異なるために違う見方がなされ，さらにその解釈されたものが時間の流れで変化を遂げることもあるということが理解できます。よく，「法律学には正解はない」と言われますが，それはこのためで，法解釈には数学のような絶対的真実は存在しないのです。また，「法律学は社会科学の一分野と言われてはいるが，純粋な科学ではない」などとも批判されます。

いかなる場合にいかなる技法を用いるか。この疑問について考えるには，法の目的にさかのぼってみることが必要になります。そもそも，なぜ法は生まれたのでしょうか。

人は一人では生きていくことができず，そのため，必然的に集団生活を営むことになります。ところが，集団生活ではさまざまな争いが発生します。集団の構成員の人格いかんの問題ではなく，たとえ集団の構成員全員が高潔であったとしても，衣食住を行うに当たって必要なものに限りがある以上，人と人との利害はぶつかり合います。しかし，争いは起こるものだとあきらめて放置していればその社会は最終的には崩壊してしまいかねません。そこで，**集団内の秩序を規律し，正しく公平な運営を図るために生まれたものが法**です。つまり，**法の目的とは，正義と公平の実現**にあります。再び渡辺洋三先生の言葉を借りますが，下記に引用した言葉からも，法解釈における正義と公平の位置づけをわかっていただけると思います。

「法の精神とは，一言でいえば，正義である。それゆえ，法とは何かという問いは，正義とは何か，という問いに置きかえられる。芸術は『美』を探究する，科学は『真理』を探究する，という例にたとえるなら，法学は『正義』を探求するということになろう。だから，法を学ぶ者は，正義を求め，正義を実現する精神を身につけなければならない。」(渡辺洋三著，1998 年，岩波新書「法とは何か」8 ページより引用)

この法の目的を踏まえて先程の疑問を検討すると，**正義と公平の実現にかなった解釈**をすべきだ，ということになります。つまり，集団の構成員がその解釈を見て，「正義と公平にかなった妥当な結論だ」と思うような解釈が求められます。

ここで，理解に必要な最低限のあらすじを説明してから，シェイクスピアの「ヴェニスの商人」の中の有名な一節を見ていただきます。

「ヴェニスの商人」あらすじ

中世ヴェニスの商人でキリスト教徒のアントウニオウは，友人の結婚資金を工面するため，日頃から仲の悪かったユダヤ人の高利貸しシャイロックから借金をしました。そして，シャイロックは，違約罰としてその契約書に「万一借金を期限内に返済できない場合には体の肉 1 ポンドを切り取る」という条項を入れました。

結局，アントウニオウは期限内に借金を返すことができず，シャイロックは法廷に違約罰の履行の強制を求めて訴えを起こしました。

なお，登場人物のポーシァは裁判官（実は本物の裁判官ではない），グラシアーノウはアントウニオウの友人です。

「シャイロック　…どうぞご判決を。

ポーシア　その商人の肉1ポンドはお主のものである。当法廷がこれを認め，法によりこれを与える。

シャイロック　まったく中正公平な判事様だ！

ポーシア　よって，その方はこの肉を商人の胸から切り取らねばならない。
法によってこれを許可し，当法廷の裁決とする。

シャイロック　まことに博学な判事様！
判決が出た！
さあ覚悟はいいな。

ポーシア　まだ少し待たれよ，申したい事がある。
この証文によれば，血は一滴たりともそなたには与えられない。
ここには“肉1ポンド”とだけ明記されている。
したがって，証文どおりに肉1ポンドを受け取るがよい。
だが切り取るに際し，キリスト教徒の血を一滴たりとも流すならば，そなたの土地・財産のすべては，ヴェニスの法律によって国庫に没収されることになる。

グラシアーノウ　おお，厳正なる判事様！
聞いたか，ユダヤ人！
博学なる判事様！

シャイロック　それが法律ってもんですか。」

(石川実著・訳，2002年，慶應義塾大学出版会「新体シェイクスピア」32-33ページより引用)

この一節が何を物語っているか，大体理解して頂けたのではないでしょうか。そうです，これが「法律ってもん」なのです。

この裁判において，ポーシアは，契約書の罰則条項における「肉」という文言を反対解釈して上記のような判決を下しました。すなわち，「肉については切り取ってよいと書いてあるけれども，血については何も書かれていないから，血を流させることは契約の内容にはなっていない。だから，血を流させることは許されない」という解釈です。

この場合，ポーシアが判決を下すにあたって，この「肉」という文言については，このように反対解釈する他に，「肉を切れば当然に血が流れるはずだから，この契約書には血のことについては当然過ぎて書かれていないんだ」として文理解釈をするという選択肢もあったと言えます。この点，法解釈はまず文理解釈を行うことが原則ですから，原則通りならば文理解釈の選択肢を取ることになるでしょう。血を流さずに肉を切り取ることは事実上不可能だからです。

しかし，この結論は法の目的，すなわち正義と公平に明らかに反すると言えるでしょう。このような契約がまかり通る社会が，正義と公平に基づいた健全な社会であるとはとても言えないからです。そこで，ポーシアはあえてこれを反対解釈することにより，妥当な結論を導いたというわけです。

法解釈とは，法の目的である正義と公平に照らし，妥当な結論を導くことのできる技法によって行うべきなのです。

●6●

法律を学ぶ意義

法の目的にかなった解釈とはいうものの，言葉で言うのは簡単ですが，やはり基準としてのあいまいさはぬぐえず，実際に行うにあたって難しいケースもあります。しかし，ここに法律を学ぶ意義があるとも言えます。

皆さんが，この本を手にとられたのには，どのような動機があったからでしょうか。とりあえず法律をつまみ食いしてみたかった人，仕事で法律の基礎知識が必要になった人，将来法学部入学や法律家を目指すにあたりその準備の一環として読んでいる人，さまざまだと思います。動機はさまざまだとは思いますが，法律を学ぶ意義を感じながら，これからの法律学習をより実りあるものにしていただきたいと思っています。

法律を学ぶに当たっては，まず条文・判例などの法制度，法のシステム自体を学びます。これは，具体的な法律知識を習得できるというメリットが存在します。実社会において，直接的に役に立つ，即効性のあるメリットです。

もう一つ，前項でもお話しした，条文などについての解釈を学びます。**法解釈を通じて，価値判断をする力，利益衡量《こうりょう》をする力が磨かれ，ひいては，論理的思考力が養われるはずです。これらがいわゆるリーガルマイ**

ンド（法的思考力）と呼ばれるもので，これを身につけることが法律を学ぶ最大の意義だと考えます。

リーガルマインドの中身について，もう少し詳しく説明しましょう。

まず，価値判断とは，物事に対してあなたが行う評価です。ある物事が起こった時，あなたは何らかの感想を持つと思います。社会的に許されることなのか許されないことなのか，人道的に善《よ》いことなのか悪いことなのか，どちらとも決めがたい境界線上にあることなのか，などと考えることです。これが価値判断です。法解釈をする際に，大きな指針となるものですから，大変重要な作業です。

次に，利益衡量ですが，これは対立するもの同士のバランスをとるにはどのような手段をとったらよいのか，どちらかが不公平にならないためにはどの程度の負担をどちらに負わせたらよいのか，といった利益を調整することです。

前項のヴェニスの商人の話の中では，ポーシァ（判事）が，「血は一滴たりともそなたには与えられない。（…中略…）証文どおりに肉1ポンドを受け取るがよい」と言って，アントウニオウを救済しました。ポーシァは，人肉を切り取る契約は社会的に許されない契約だと価値判断し，肉は切り取ってもよいが血は一滴も流してはならないという実現不可能な判決をもって利益衡量しました。

この場合は，人肉を切り取る契約という誰の目にも明らかに許されないものなので簡単な価値判断しか必要ではありませんでしたが，実際の判例などでは極めて微妙な利益の対立を解決していくことになります。そのため，法解釈には絶対的な規則性というものがなく，ケースごとに難しい判断を慎重にしていかなければなりません。

さて，価値判断をする力，利益衡量をする力が身についたところで，それを解釈によって実現できなければ，それは全く意味のないものになってしまいます。法律学は法解釈学である以上，たとえ妥当な結論であったとしても，条文や立法趣旨と全く関係のないものであれば，それは独りよがりな「べき論」に過ぎません。

ヴェニスの商人の話では，ポーシァは，妥当な判決を下すために，契約書の「肉」という文言を反対解釈することで，論理的にその結論を導き出しましたね。

法律学を学ぶにあたっては，このような，論理的に結論を導き出す力が求められますし，また，それは法律の勉強を進めるうちに自分の血肉として身についてくるべきものです。条文・判例などの法制度，法のシステム自体を学ぶことが法律を学ぶことにおける即効性のあるメリットだと前述しましたが，このリーガルマインドは，じわじわと効いてくる，遅効性のメリットと言ってもよいでしょう。

法律を学ぶ意義を最後にもう一つ付け加えると，身についたリーガルマインドは，他の学問やビジネスなど，実生活に活かすことができます。他の学問の場合は言わずもがな，特にビジネスは決断の連続であり，利益衡量，論理的思考力が強く求められる場です。このことから，ビジネスマンにとっても，法律を学ぶ意義は大きいと言えるでしょう。

やはり法律学の本質は法解釈にあります。ですから，単に法律知識を覚えるだけに止まらず，「なぜこのような解釈が採られるのか」「この条文の制度趣旨は何か」ということを常に意識しながら勉強し，リーガルマインドの修得をぜひ目指していただきたいと思います。

❷ ►法律の全体像をつかむ

●1●
法と道徳

さて，法と同じような役割を果たすものとして，道徳があります。道徳とは，「人の守るべき，おこないの標準」(『三省堂国語辞典』(第７版) より引用) ですが，一見すると法と同じもののようにも思えます。

では，法と道徳はどう違うのでしょうか。ここでは，道徳と比較することで，法の特徴について考えてみたいと思います。

次の三つの点において，法と道徳は異なると考えられます。

❖強制力

道徳は，成文法化されていない規範ですから，サンクション (違反した場合の制裁) があるとすれば，それは心理的なものです。民法に違反すれば裁判となり損害賠償命令が出たり，刑法の殺人罪を犯せば実刑判決が出て牢《ろう》屋《や》に入れられたりと，国家による強制力を伴った制裁が加えられます。しかし，たんに道徳に反したからというだけでは，裁判になって懲役刑などを受けたり罰金を課せられたりすることはありません。

❖順 守の期待度

道徳は，その地域，その時代に則した行動の指針となるものであり，いうなれば，理想です。守れる限り守りましょう，ということです。

しかし，法はその適用対象から，順守 (ルールに従いよく守ること) されることを前提として，制定されています。

❖国家機関の関与

イデオロギーと国家体制が結びついている国など，特殊な場合を除けば，通常，道徳には国家機関は関与しません。

第二次世界大戦中の日本で，「欲しがりません勝つまでは」という当時の道徳に違反した行動をとった場合に，国家権力である憲兵が飛んできたかもしれませんが，それは特別な場合です。

これに対して，法は国家機関の関与によって制定，維持されます。

まとめると，「強制力」と「国家機関の関与」が特に重要で，つまり，国家機関による強制力の有無が，法と道徳の決定的な違いだと言えるでしょう。言い換えれば，国家機関による強制力を伴った社会規範こそが，法なのです。この強制力という裏付けがあって初めて，法は現実的な社会規範になります。

●2●

法の形式

法はどのような形で存在しているのでしょうか。一般的には次の四つの形式があるとされています。

すなわち，①成文法，②慣習法，③判例法，④条理《じょうり》です。これらは，法的規範力の根拠となることから，**法源《ほうげん》**と呼ばれます。

順に説明しましょう。

❖成文法

成文法とは，公的機関が文書の形で制定する法規範のことです。

一般には，成文法全般をひっくるめて単に「法律」と呼ばれることもあります。これを「広義の法律」といいます。

具体的には次のようなものです。

①憲法
②(狭義の) 法律
③議院規則
④最高裁判所規則
⑤命令
⑥条約
⑦条例

［憲法］

我が国における最高法規。最高の形式的効力を持つ。

［(狭義の)法律］

憲法所定の手続（憲法59条など）に基づき，国会によって制定される一般的法規範。広義の法律と区別するために「狭義の法律」と言われることがある。成文法の中心的存在。

法律は，以下のようなプロセスを経て制定・施行される。

①議員または内閣による法案提出

↓

②先議議院の審議（衆参のいずれか。法律の場合はどちらが先に審議してもよい）

↓

③出席議員の過半数で可決

↓

④後議議院へ送付

↓

⑤後議議院の審議

↓

⑥出席議員の過半数で可決（衆議院と参議院で議決が異なった場合は，衆議院において3分の2以上の多数で再議決すれば，法案成立）

↓

⑦成立

↓

⑧主任国務大臣の署名・内閣総理大臣の連署

↓

⑨天皇による公布

↓

⑩施行

[議院規則]

衆議院，参議院の内部事項に関する法規範。各議院が独自に制定する。

[最高裁判所規則]

裁判手続，司法事務等に関する法規範。最高裁判所が独自に制定する。

[命令]

国会の議決によらないで，国の行政機関によって制定される法規範。法律の詳細・具体的事項を実施するために発せられる。

命令は制定する行政機関によって次の三つに大別される。

①政令　　　　　：内閣の制定する命令。

②内閣府令・省令：内閣府令は内閣総理大臣が発する命令。
省令は各省大臣が発する命令。

③その他の命令　：内閣府，各省以外の国の機関が発する命令。
会計検査院が制定する会計検査院規則，
人事院が制定する人事院規則などがある。

[条約]

国家間の文書による合意。

[条例]

地方自治体が独自に制定し，その地方だけで通用する法規範。

❖慣習法

人々が自然に反復する行動様式を慣習といいますが，このうち「この慣習には絶対違反してはいけない」という法的な意識を持って行われるものを**慣習法**といいます。わが国では「法の適用に関する通則法」という法律によって，法令が認めたもの，法令に何の規定もない事項に関するものに限り，慣習法として法律と同一の効力が認められています（法の適用に関する通則法３条）。具体例としては，立木《りゅうぼく》に対する明認方法《めいにんほうほう》，譲渡《じょうと》担保《たんぽ》などが挙げられます。

❖判例法

判例法とは，裁判所が裁判の過程で行った法解釈のうち，先例として後の同種の裁判を拘束するものです。紛争の多くは裁判による解決が図られるので，実務では成文法と並んで重要な位置を占めます。裁判は基本的に毎日のように行われていますから，当然新判例もそれに伴って次々に生まれてきます。そのため，判例法は「生ける法」と呼ばれています。

なお，主な判例は「最高裁判所民事判例集・刑事判例集」（最高裁判所判例調査会・引用されるときは「民集」「刑集」と略される）というオフィシャルな判例集の他，「判例時報」（判例時報社・「判時」と略される），「判例タイムズ」（判例タイムズ社・「判タ」と略される）といった判例雑誌，「ジュリスト」（有斐閣）などの法律雑誌に掲載されます。ちなみに，学習用の判例集としては「別冊ジュリスト　判例百選シリーズ」（有斐閣）が定番です。他には，裁判所のホームページ（http://www.courts.go.jp/）に最近の判例が掲載されています。これは即時性・網羅性が高く，また，誰でも特別な手続なしに検索・利用できるため非常に便利です。

❖条理《じょうり》

条理とは，いわゆる常識のことです。

明治8年に発令された「太政官《だじょうかん》布告《ふこく》第103号裁判事務心得」には「民事ノ裁判ニ成文ノ法律ナキモノハ習慣ニ依《よ》リ習慣ナキモノハ条理ヲ推考シテ裁判スヘシ《すべし》」と規定されており，また，この規定は現在でも有効だとされているため，成文法も判例法も慣習法もないことがらについては，条理によって判断することになります。

この条理と慣習法，判例法は成文法に対して不文法と呼ばれ，成文法が存在しない分野について成文法を補完する役割を果たします。

これらのうち，最も重要なのが成文法です。そこで，以下ではこの成文法を念頭において話をします。

●3●
成文法の効力関係

前述のように，成文法には多くの種類がありますが，日本には狭義の法律だけで約2000あると言われており，それ以外のものも合わせると，その数は膨大なものになります。そのため，時には各法令間で所管することがらに重複や矛盾が生じることもあります。
しかし，これをこのまま放っておけば，どちらの法令を信用すればよいのかわからず，混乱が生じます。
そこで，この混乱を回避するため，以下のようにして各法令間の効力関係の整理が図られています。これは，矛盾が生じた際の優先順位です。

❖形式的効力

まず，成文法の類型ごとに明文または解釈によって形式的効力の順位付けがなされ，憲法を頂点としたピラミッド型の法体系が構築されています。そして，上位の法規範に反する下位の法規範はすべて無効となります。
具体的には，先程挙げた成文法間では次のような順位付けがされています。

①憲法
②条約
③狭義の法律
④議院規則・最高裁判所規則
⑤政令
⑥総理府令・省令
⑦条例

基本的には，制定機関のバックボーンとなる民意の数の多さによって順位付けがされています。条約は，争いがありますが，国家間の合意という特殊性から法律以上憲法未満とする見方が有力です。

❖後法優先の原則

形式的効力が同順位の法令が矛盾・抵触する場合には，後に制定された方が優先するという原則です。たとえば，2010 年 1 月 1 日に施行された法律と 2011 年 1 月 1 日に施行された法律が同じような事項について矛盾している場合には，2011 年に施行された方が優先することになります。

新しい法律の方が，当然に現時点での民意を最も忠実に反映しているはずだからです。

❖特別法優先の原則

あることがらについて，その一般原則を規定している法律を一般法といい，そのことがらをより詳細に，あるいは修正して規定する法律を特別法といいます。そして，特別法の対象となっている事項については特別法の規定が優先的に適用され，この特別法の規定と矛盾・抵触しない限度で一般法の規定が適用されることになります。

たとえば，六法で言えば，民法は市民間の取引行為などの基本原則を定めており，他方，商法は市民間の取引行為のうち，商売に関するものに特化して規定しているため，民法は商法の一般法となり，商法は民法の特別法になります。

●4●
成文法の分類

先述の通り，成文法には多くの種類があるため，その形式，機能によって分類して把握されることがあります。法律を分類し対比することによって，より理解が深まりますので，以下では主な分類について説明したいと思います。

❖六法

本章の冒頭で記したとおり，我が国で最も主要とされる憲法，民法，刑法，商法，民事訴訟法，刑事訴訟法という六つの法規範を「六法」と総称します。

各法律の詳細については後の章で説明しますが，以下ではその特徴をざっと眺めてみましょう。

[憲法]

最高法規。

他の五法は狭義の法律であるため，同じ六法とは言っても憲法とは根本的に異なります。憲法が，常に六法の筆頭に挙げられるのはそのためです。憲法に反する法規範はすべて無効になります。

[民法]

市民生活一般を規律する法律であり，対象となる領域が極めて広範囲かつ重要であるため，「民法を制する者は法律を制する」と言われます。

[刑法]

刑罰権という印籠《ろう》を手に，犯罪者を懲らしめます。

憲法，民法と共に，六法の中でも特に重要な法律とされます。

[商法]

商売一般について規定します。ビジネスマンにとっては民法と並んで最も重要な法律となります。

「商法」と言うとき，別の法典である会社法，手形法，小切手法なども含めた意味で使われることがあります。

[民事訴訟法]

民事訴訟における原告 VS 被告のコロシアムを形づくります。

「民訴《みんそ》」と略して呼ばれます。

[刑事訴訟法]

法律の“閻《えん》魔大王”と言ってもいいでしょう。恐そうな外見とは裏腹に，被告人の人権をしっかり確保しながら公平な刑事訴訟手続を保障します。

「刑訴《けいそ》」と略して呼ばれます。

❖公法と私法

法律が守ろうとする利益が，公益《こうえき》（社会・公共のための利益）か私益《しえき》（個人の利益）かによって，**公法**と**私法**とに分類できます。

公法とは，①国家・地方公共団体と個人の関係や国家同士の関係，②国家と地方公共団体との関係，③地方公共団体同士の関係，④国家もしくは地方公共団体の組織・活動を定める法をいいます。

私法は，個人同士の関係を規律する法律です。

もっとも，国家が私人同様の立場で私人との法律関係に入る場合は，公法ではなく私法が適用されます。たとえば，国家がオフィス用品を扱う企業からコピー機などを備品として購入する場合などがこれにあたります。なお，国際私法といえば，外国の企業や個人との私法関係を規律する法規の総称をいいます。

六法で言えば，憲法，刑法，刑事訴訟法，民事訴訟法は公法で，民法，商法は私法にあたります。

ちなみに，公権とは，公法上認められている権利のことをいいます。①権利主体が国の場合は国家的公権と言われ，組織権，刑罰権，警察権，財政権などがこれにあたります。②権利主体が個人の場合は，公共の利益のために認められている権利なので，原則として，譲渡・放棄することはできません。個人的公権と言われ，参政権や受益権，自由権などがこれにあたります。

また，私権とは，ある権利主体が私法上に持つ権利の総称をいいます。一般的には，相互に対等・平等な権利主体間の権利であって，財産と身分に関する権利が私権と呼ばれています。私権はすべての人に平等に保障されています。公権では，選挙権などが必ずしもすべての人に保障されているわけではないという点で異なっています。

❖民事法と刑事法

民事法とは，民事事件（市民生活に関する事件）に関する法のことを指し，**刑事法**とは刑事事件（犯罪者の処罰などに関する事件）に関する法のことをいいます。

六法で言えば，民法，商法，民事訴訟法が民事法です。刑法，刑事訴訟法は刑事法にあたります。

❖実体《じったい》法と手続法

実体法とは，権利・義務の発生・変更・消滅など，その法律関係の実質的内容を定めた法のことを指します。

一方，**手続法**とは，その実質的内容を具体的に実現するための法的手続を定めた法をいいます。

六法で言えば，憲法，民法，刑法，商法は実体法です。民事訴訟法，刑事訴訟は手続法にあたります。

両者の関係は，たとえば，あなたが人にお金を貸し，そのお金を返して欲しいという場合，民法上は，返してもらうという「権利がある」というだけで，払ってもらえない場合もあります。この時，民事訴訟法で規定されている民事裁判によって国家の強制手続に訴えて権利を実現してもらうことにより，貸した相手に現実にお金を払ってもらいます。その意味では，手続法は実体法の実現を担保するものとも言えます。

❖実定《じってい》法と自然法

実定法とは，人の行為によってつくられた，特定の時・社会で実際に使われている法です。制定法，慣習法，判例法などがこれにあたります。

これに対し，**自然法**とは，人間の理性や物事の本質にもとづいて存在し，時・社会を問わず普遍的に妥当する法です。

実定法の体系

- **公法**
  - **憲法**
  - **行政法**
  - **刑法**
  - **訴訟法**
    - **民事訴訟法**
    - **刑事訴訟法**
  - **国際公法**
- **私法**
  - **民法**
  - **商法**
- **その他**
  - **社会法**
  - **経済法**

❖一般法と特別法

前述しましたが，**一般法**とは，ある事柄について，その一般原則を規定している法律をいいます。

そして，その事柄をより詳細に，あるいは修正して規定する法律を**特別法**といいます。

特別法の対象となっている事項については，特別法の規定が優先的に適用され，この特別法の規定と矛盾・抵触しない限度で一般法の規定が適用されることになります。

❖強《きょう》行《こう》法《ほう》規《き》と任《にん》意《い》法《ほう》規《き》

個人の意思で内容を変更することができない規定を**強行法規**，変更できる規定を**任意法規**といいます。

たとえば，民法上は，404条によってお金を貸した場合の利率は年3%とされていますが，この規定は任意法規だとされているため，10%でも15%でも，自由にこれと違う利率を設定することができるのです（ただし，出資法等の特別法による制限はあります）。一般に，強行法規は公法に多く，任意法規は私法に多いと言われています。強行法規か任意法規かは，明文によって規定されている他は，解釈によって決定されます。

●5●
条文の構造

ここでは，法律を構成する基本単位である条文の構造について見ていきましょう。

❖条・項・号

最初に，条文を構成している条・項・号について，刑事訴訟法212条を使って説明しましょう。

この条文は，六法には，次のように書かれています。

> **第二一二条【現行犯人】**① 現に罪を行い，又は現に罪を行い終つた者を現行犯人とする。
>
> ② 左の各号の一にあたる者が，罪を行い終つてから間がないと明らかに認められるときは，これを現行犯人とみなす。
>
> 一 犯人として追呼されているとき。
>
> 二 贓物又は明らかに犯罪の用に供したと思われる兇器その他の物を所持しているとき。
>
> 三 身体又は被服に犯罪の顕著な証跡があるとき。
>
> 四 誰何されて逃走しようとするとき。

まず，この文全体を「**条**」といいます。条は法律を構成する基本単位であり，法律の具体的な内容が規定されています。

そして，この条の中で，さらに規定する項目が複数ある場合に，段落を変えて表現しているのが「**項**」です。同じ条文の中でも項ごとに意味を持ちます。1項，2項と数えます。上の条文で言えば，「①　現に犯罪を行い～現行犯人とする。」という部分が1項，「②　左の各号の一にあたる者が～四　誰何《すいか》されて逃走しようとするとき。」という部分までが2項になります。このように，条をさらに細分化したものが項です。

さらに，条，項の中で，ことがらの列記に用いられているのが「**号**」です。通常「一」「二」「三」という番号が頭に付けられます。1号，2号と数えます。上の条文で言えば，「一　犯人として追呼《ついこ》されているとき。」という部分が1号，「二　贓物《ぞうぶつ》又は明らかに犯罪の用に供したと思われる兇《きょう》器《き》その他の物を所持しているとき。」という部分が2号になります。このように，号はあくまでも何らかの事項の列挙として使われるものなので，号自体が条・項と同じような実質的内容を持つことはありません。

なお，今掲げた条文中の【現行犯人】という見出しと，項に付けられている①②という番号は，条文集の編集にあたって編集者が付記したものであり，原典にはありません。もっとも，これは刑事訴訟法が古い法律であるからで，昭和23年頃以降に制定された法律のほとんどは算用数字で項番号が付けられ，また，見出しも付けられています。

ちなみに，「一」「二」という号番号は古い法律の原典にも記されている正式な表記です。

❖前段《ぜんだん》・後段《こうだん》

次に，前段と後段について，憲法11条を使って説明しましょう。

この条文は，次のように規定されています。

「国民は，すべての基本的人権の享有を妨げられない。この憲法が国民に保障する基本的人権は，侵すことのできない永久の権利として，現在及び将来の国民に与へられる。」

条または項の内容に応じて区切りをつける必要があるけれども，新たに項を作るほどではないときには，同じ条または項の中で，条文をいくつかの文章に区切るにとどめることがあります。

そして，条文を二つに区切った場合には，前の文を「**前段**」，後の文を「**後段**」といいます。上の条文では，「国民は，すべての基本的人権の享有を妨げられない。」が，前段。それ以後が，後段になります。

❖本文・但書《ただしがき》

本文と但書の区別について，刑法 43 条を使って説明しましょう。

この条文は，次のように規定されています。

「犯罪の実行に着手してこれを遂げなかった者は，その刑を減軽することができる。ただし，自己の意思により犯罪を中止したときは，その刑を減軽し，又は免除する。」

一つの条を前段と後段に区切ったときにおいて，後段が前段の例外となっている場合を「**但書（ただし書）**」といいます。これに対して，但書の原則となっている前段を「**本文**」といいます。

この条文では，「犯罪の実行に着手してこれを遂げなかった者は，その刑を減軽することができる。」が，本文。それ以後が，但書です。

❖枝番号

次に，一見とまどう枝番号について見てみましょう。以下の民法の条文を使ってお話しましょう。

「第三十二条の二　数人の者が死亡した場合において，そのうちの一人が他の者の死亡後になお生存していたことが明らかでないときは，これらの者は，同時に死亡したものと推定する。」

この条文は，民法第 32 条の条文でしょうか。いいえ，違います。

「第三十二条の二」(「だいさんじゅうにじょうのに」と読む) とあります。このような「第〜条の〜」という条番号は，**枝番号**と呼びます。知らない方は，第 32 条の続き，あるいはおまけか何かだと思われる方もあるかもしれませんが，これは，第 32 条とは主従関係にない別個独立の条文です。本当は，「第三十三条」と規定したかったのですが，事情により，こう表現せざるをえなかったのです。

この条文の場合は，民法が制定されてしばらく経ってから新たに付け加えられました。ここに挿入したいがために，このような変な条番号が付されているのです。

この条文を新たに「第三十三条」として，あとは一条ずつずらしていけばスッキリするのに，と思う方もいらっしゃると思います。今のようにパソコンの普及した時代では，オートメーション機能を使ってそんなことも簡単にできそうですが，民法に限らず，法律の条文は条番号で把握されていることが非常に多く，それゆえ，これが仮に一条ずつであってもずれてしまうことがあれば，大混乱が生じるおそれがあります。そのため，このような混乱を回避するべく，枝番号という方法が導入されているのです。

❖準用

法律の条文にはよく「〜には，〜に関する規定を準用する」という表現が出てきます。この「**準用**」とは，ある条文と似たような内容の条文がある場合に，似たような条文の規定をちょっと拝借して自分の規定としてしまうことです。

たとえば，刑事訴訟法 211 条は「前条（210 条・緊急逮捕についての条文）の規定により被疑者が逮捕された場合には，第百九十九条の規定（逮捕状による逮捕の要件）により被疑者が逮捕された場合に関する規定を準用する。」と規定しています。この場合，緊急逮捕と逮捕状にもとづく逮捕はよく似ていますから，緊急逮捕の条文は逮捕状にもとづく逮捕の条文の規定を拝借したわけです。

そして，条文が準用されている場合には，その準用された条文に従って適用・解釈を行っていきます。そのため，この準用は，法律自身が明文で類推解釈をしている場合だと言えるでしょう。

ちなみに，「**援用**」という法律用語もあります。援用は，自分の利益のために一定のことを主張することをいい，準用とは全く違う意味の用語です。たとえば，「時効の援用」とは，「時効によって利益を受ける者が，時効の利益を受ける意思を表示すること」をいいます。

●6●
条文を読むコツ

❖接続詞

初めて法律を学ぶ人にとっては，条文を読むこと自体が一苦労になります。これにはいろいろな原因が考えられますが，独特な接続表現の用法がその原因の一つだと思われます。具体的には「又《また》は」と「若《も》しくは」，「並《なら》びに」と「及《およ》び」の使い分けがあります。長い条文になると，「〜又は〜若しくは〜又は〜」という表現が，何度も出てきて，混乱してしまう場合があります。

しかし，実は，この使い分けには一定のルールがあり，それを知っていれば，それほど混乱することなく，スッキリと条文の意味を理解することができるでしょう。

①「又は」「若しくは」

まずは，「又は」と「若しくは」から説明します。

例を挙げましょう。

「強制，拷問，**若しくは**脅迫による自白**又は**不当に長く抑留**若しくは**拘禁された後の自白は，これを証拠とすることはできない。」(憲法38条2項)

「内閣総理大臣は，内閣を代表して議案を国会に提出し，一般国務**及び**外交関係について国会に報告し，**並びに**行政各部を指揮監督する。」(憲法72条)

つなぎつなぎの文章で，わかりにくい印象を受けますね。

さらに，こういう条文もあります。

「行使の目的で，公務所**若しくは**公務員の印章**若しくは**署名を使用して公務所**若しくは**公務員の作成すべき文書**若しくは**図画を偽造し，**又は**偽造した公務所**若しくは**公務員の印章**若しくは**署名を使用して公務所**若しくは**公務員の作成すべき文書**若しくは**図画を偽造した者は，一年以上十年以下の懲役に処する。」

「こんな文章を読みこなせるようになるかしら？」と，これからの法律学習に，不安を覚えた方もいらっしゃるかもしれません。

これは，刑法155条の1項です。一読しただけでは，条文が規定している具体的内容を厳密に把握するのはなかなか難しいのではないでしょうか。

なお，この条文中の「図画」は，「とが」と読みます。

「又は」と「若しくは」の対象には大と小の関係が成り立っています。つまり，「又は」で接続された文の中で，さらに文を接続しているのが「若しくは」なのです。「(〜若しくは〜) 又は (〜若しくは〜)」という使い分けがなされているのです。

ですから，先程の憲法38条2項は，次のように読みます。

(1)　強制，拷問，若しくは脅迫 による自白

又は

(2)　不当に長く 抑留若しくは拘禁 された後の自白

は，これを証拠とすることはできない。

白地の部分が，「若しくは」という接続詞でつながれた部分です。そして，(1)と(2)は，「又は」でつながれているもので，並列関係にあります。さらに，(1)と(2)を合わせたものが，この文の主語なので，「(1)と(2)は，これを証拠とすることはできない」となります。

このように，ルールを知り，文章を機械的に読めば，頭の中で言葉が整理され，読みやすくなると思います。

②「並びに」「及び」

「並びに」と「及び」も，上記と同様の関係にあります。

「並びに」で接続された文の中で，さらに文を接続しているのが「及び」です。つまり，「(〜及び〜) 並びに (〜及び〜)」という使い分けがなされています。

例を挙げましょう。

「遺言者が，公証人一人**及び**証人二人以上の前に封書を提出して，自己の遺言書である旨**並びに**その筆者の氏名**及び**住所を申述すること。」(民法970条1項3号)

この文を図解しましょう。

公証人一人及び証人二人以上 の前に封書を提出して，

(1)　自己の遺言書である旨

並びに

(2)　その筆者の氏名及び住所

を申述すること。

白地の部分が，「及び」という接続詞でつながれた部分です。「並びに」でつながれた (1) と (2) は並列関係です。

したがって，「遺言者が，(1) と (2) を申述すること」と把握すればよいわけです。

❖さまざまなキーワード

①「みなす」「推定する」

「**みなす**」も「**推定する**」も，本来性質が違うものを一定のことがらと同じものとして扱うことをいいます。両者の違いは，「みなす」が反証ができないのに対し，「推定する」は反証が可能という点です。つまり，「みなす」規定の場合，そういうことにしておこうと決めた以上，それを覆すことはできません。

具体例を挙げます。妻が婚姻中に妊娠した場合，その子を夫の子と推定するという規定があります（民法 772 条)。ここで，もし「みなす」規定であれば，夫はどんな状況でも自分の子とされてしまい，違うと言うことができません。しかし，「推定する」規定であれば，反対の証拠を挙げて違うと言うことができます。たとえば，「嫡《ちゃく》出《しゅつ》否《ひ》認《にん》の訴え」をして，父子関係を否定することもできます。

②「超える」「以上」と「未満」「以下」

「**超える**」は，基準となる数量の値を含まないでより大きいものを指します。「**以上**」は，基準となる数量の値を含んでより大きいものを指します。

「**未満**」は，基準となる数量の値を含まないでより小さいものを指します。「**以下**」は，基準となる数量の値を含んでより小さいものを指します。

(1)「令状の有効期間は，令状発付の日から七日とする。但し，裁判所又は裁判官は，相当と認めるときは，七日を**超える**期間を定めることができる。」(刑事訴訟規則 300 条)

(2)「参与員の員数は，各事件について一人**以上**とする。」(人事訴訟法 9 条 2 項)

(3)「長期十年**未満**の懲役又は禁錮に当たる罪については五年」(刑事訴訟法 250 条 2 項 5 号)

(4)「あへん煙又はあへん煙を吸食するための器具を所持した者は，一年**以下**の懲役に処する。」(刑法 140 条)

(1) の場合，7 日目を含まないでそれより長い期間，つまり 8 日，9 日，10 日，…が，定めることのできる期間になります。

(2) の場合，基準となる数量の値を含むわけですから，一人でもよいことになります。

(3) の場合，1 年を 365 日とすると，9 年と 364 日までの懲役・禁錮を指すことになります。

(4) の場合，1 年を 365 日とすると，365 日までの懲役を指すことになります。

③「善意」と「悪意」

「**善意**」とは，法律用語で，ある事実を知らないことをいいます。その逆の「**悪意**」とは，ある事実を知っていることです。

ここでの「善意」「悪意」は，道徳的に良い悪いの判断とは関係がありません。

たとえば，事情を知らない部外者のことを「善意の第三者」という言葉で表すことがあります。この時の「善意」の意味は，文字通り，「何も知らない」という意味以外にはありません。

④「対抗する」

「**対抗する**」とは，自分の主張を通すことができることをいいます。

たとえば，このような条文があります。

「前二項の規定による詐欺による意思表示の取消しは，善意でかつ過失がない第三者に**対抗する**ことができない。」(民法 96 条 3 項)

この条文では，善意の第三者に対して，「対抗することができない」つまり自分の主張を通すことはできない，と言っているのです。

⑤「過失《かしつ》」「無過失《むかしつ》」「重過失《じゅうかしつ》」

「**過失**」とは，簡単に言うと「うっかり」や「不注意」を意味しています。「**善意無過失**」といえば，「ある事情を知らないが，その知らないことについてうっかりしていたわけではない＝過失はない」という意味です。「**重過失**」は，うっかりの度合いがひどい場合に使われます。この場合，ちょっと気をつければ知ることができたのに，それをしなかったのですから，非難される可能性が高くなります。

⑥「瑕疵《かし》」

「**瑕疵**」とは，キズであり，何らかの欠陥があることをいいます。「かし」と読みます。法律の世界ではよく耳にする用語ですが，日常ではほとんど使わない用語ですね。

たとえば，だまされてしてしまった意思表示や，脅されてしてしまった意思表示を「瑕疵ある意思表示」といいます。つまり，きちんとした意思表示と異なり，そのプロセスにキズがあるというわけです。ちなみに，前者を詐欺による意思表示，後者を強迫による意思表示といいます。

⑦「要件」と「効果」

「**要件**」とは，法律上の一定の効果を生じさせるための条件をいいます。「**効果**」とは，要件を満たすことによって導かれた結果のことです。

今まで見てきたように，法律は多くの条文から成り立っています。条文の中には，このような，一定の条件が一定の結論を結びつけるというパターンでできているものがあります。

具体的には，次のような条文があります。

「相手方と通じてした虚偽の意思表示は，無効とする。」(民法 94 条 1 項)

この条文において，「相手方と通じてした虚偽の意思表示」という部分，つまり，「真意ではない意思表示」が要件です。そして，その効果は「無効とする」というように定められています。

対抗要件とは，自らの主張を通すために備えておかなければならない条件をいいます。たとえば，不動産に関する物権変動の対抗要件は登記です。したがって，不動産を買った時は，そのことを登記しないと，他人に対して自分がその不動産を取得したことを主張できないことになります。

⑧「欠缺《けんけつ》」

「欠缺（欠けつ）」とは，簡単に言うと，欠けている状態をいいます。「けんけつ」と読みます。難しい言葉ですね。

「意思の欠缺」といえば，意思の不存在を意味します。個人の内心の意思を重視する場合，意思が欠けた意思表示は無効です。しかし，その意思表示を信頼した人や社会の信頼を裏切ることになるので，取引の安全を保護するため，個人の内心の意思の重視にも制限が加えられます。

⑨「違法」「不当」「不正」「不法」「不適法」

似通った言葉で，意味を混同しがちですが，ここで確認しましょう。

「**違法**」とは，言葉のとおり，法に違反することをいいます。

これに対して，「**不当**」は，必ずしも法に違反することではありませんが，妥当性を欠いていることをいいます。

「**不正**」は，正しくないことで，法令違反に限らず，職務に関する義務違反等に使われます。

「**不法**」は，実質的に法に反していることという意味合いで使われます。

「**不適法**」は，形式的に法に違反していることをいいます。

⑩「取消し」と「無効」

「**取消し**」は，取り消されるまでは契約などは法律的に有効に成立しています。つまり，契約の内容などは守らなければなりません。

たとえば，前述した「瑕疵」の説明にある，詐欺や強迫によった意思表示は，「取消し」が認められます。

一方，「**無効**」では，一定のことが法的に認められず，契約などがはじめから有効に成立していない状態をいいます。

たとえば，賭博によってお金を払う債権が発生したとしても，このように公の秩序・善良の風俗に反するような契約は「無効」であり，はじめにさかのぼって契約は成立しません。

法律の世界では，「さかのぼって」「はじめから」など，通常の時間の流れではありえないことも起こってしまうので注意が必要です。

⑪「作為」と「不作為」

「**作為**」とは，積極的に何かをすることをいいます。これに対し「**不作為**」は，何もしないことです。

殺人を例にとって考えてみましょう。殺人といえば，銃で撃つとか，ナイフで刺すとか，何か積極的な行為を行った結果，発生するような気がします。しかし判例には，子供にご飯を与えなかったことで子供を餓死させた母親が殺人の罪に問われた事件があります。母親が何もしなかったこと，つまり母親の「不作為」が論点となった事件でした。

⑫「自然人《しぜんじん》」と「法人《ほうじん》」

法律上，人には「自然人」と「法人」の二つの種類があります。一般的には，人といえば人間だけなのですが，法律の世界では，会社なども同じように人として扱うことがあります。

「**自然人**」とは，生まれながらにして権利義務の主体となることができる人＝人間のことで，その意味からこの名がついています。

これに対して，「**法人**」は，法律によって権利能力を与えられた自然人以外の団体や財産のことをいいます。これにより，「ソニー」や「トヨタ」などの会社も，多少の制限はありますが，自然人と同じように契約などを締結することができるのです。

⑬「条件」と「期限」

「**条件**」とは，法律行為の効力の発生や消滅が，条件とされた不確定な事実により決まる特約のことをいいます。条件には二つの種類があります。条件の成就によって効力が生ずるのが**停止条件**，条件の成就により効力を失うのが**解除条件**です。

たとえば，私が娘に，「大学に合格したら車を買う」という約束をしたとします。この時，「大学合格」が条件発生要件となって，これが成就することによって，車の購入という効果が発生します。このようなものが停止条件です。

それに比べて，国が，「この道路は工事が完了するまで通行止め」としたとします。この時，「工事の完了」が条件となって道路の通行止めが解除されることになるのです。このようなものが解除条件です。

一方，「**期限**」とは，法律行為の効力が，将来起こることが確実な事実によって決まる特約のことをいいます。

たとえば,「7月1日に車を渡す」と約束した時,「7月1日」が期限ということになります。

⑭「却下」と「棄却」

「**却下**」とは,手続き的に適法な過程を経ていないため,訴えの申し立てを排斥することをいいます。訴えの内容がどうかについては検討されません。内容が検討されないということは,門前払いと同じです。

一方,「**棄却**」は,手続き等に問題はないのですが,訴えの内容に理由がない場合などがそうです。この場合,「ちゃんと検討したが,やっぱり理由がないから」と言って退けられる,ということですね。

⑮「直ちに」「速やかに」「遅滞なく」

「直ちに」は「ただちに」,「速やかに」は「すみやかに」,「遅滞なく」は「ちたいなく」,と読みます。

どれも,緊急であることを表しているのですが,その程度に差があります。一般的には,「直ちに」→「速やかに」→「遅滞なく」の順で緊急度が下がります。

⑯「権原」と「権限」

「権げん」の「げん」の字が,原っぱの「原」になるか,限度の「限」になるかで,大いに意味が違ってきます。

「**権原**」とは,ある行為を正当化する法律上の原因をいいます。たとえば,「占有の権原」というふうに使われます。

一方,「**権限**」は,国家等が法令に基づいてその職務を行うことができる権利をいいます。つまり,職権の権能や範囲を指します。

⑰「課す」と「科す」

「**課す**」は,税金など義務を負わせる場合に使います。

「**科す**」は,刑罰や制裁を与える場合に用いられます。

⑱「犯す」と「侵す」

「**犯す**」は,罪,過ちを犯すことをいいます。

「**侵す**」は,権利・自由などを侵すというふうに使います。

⑲「法律行為」と「準法律行為」

「**法律行為**」とは,意思表示が中心となり,その内容に従った効果が生ずる行為で,次のようなものがあります。

まず,⑴「契約」。意思表示の合致を要素として成立する行為です。⑵

「単独行為」。一方的意思表示を要素とした行為で，取消しや解除がこれです。他に，(3)集団的意思表示を要素とする「合同行為」。社団の結成などがこれです。

これに対して，「**準法律行為**」とは，法律効果を発生させる行為のうちでも，何らかの意思的要素を伴いつつも，法律行為とは異なって効果意思は伴わない各種の行為をいいます。

たとえば，お金を返してくれと相手方に通知する行為は，弁済の催告《さいこく》といいますが，いくらこちらが返してほしいと思っていても通知するという行為自体からは返してもらうという効果が発生するわけではありません。これに対して法律行為の場合には，たとえば売買契約（法律行為）が成立すれば，売主には目的物を引き渡す義務が，また買主には代金の支払い義務が，それぞれ発生します。

❖文語体の条文を読むコツ

古い法律の中には，条文がカタカナ交じりの文語体で書かれているものがあります。そのため，法律初学者の方には，そういう法律は条文を読むこと自体が特に大変でしょう。このことは，法律を取っつきにくくしている理由の一つかもしれません。

そこで，文語体の条文を読むコツを紹介したいと思います。

まず，文語体条文の表記方法について，次の五つの特徴が挙げられます。

①仮名はカタカナ

②濁音が表示されないものもある

③独特の言い回しがある

④句読点がない

⑤漢字・表現が難しい

まず，①，②，③については，とにかく慣れるしかありません。高校時代に習った古文，漢文の知識を総動員するところから始めましょう。慣れるまでは，文語体を口語体に直して編集してある六法を使うこともよい方法かもしれません。

「④句読点がない」については，これが文語体の条文を読むことを難しくしている最大の原因だと思います。句読点がなく，送り仮名がないと，文の切れ目がよくわかりません。そのため，長い条文の場合に漫然と読んでいては，すぐに内容を読み取ることはできないでしょう。たとえば，次の条文は前段と後段に分かれているのですが，一見しただけではなかなか気が付かないかも知れません。

「一覧払又ハ一覧後定期払ノ為替手形ニ於テハ振出人ハ手形金額ニ付利息ヲ生ズベキ旨ノ約定ヲ記載スルコトヲ得其ノ他ノ為替手形ニ於テハ此ノ約定ノ記載ハ之ヲ為サザルモノト看做ス」(手形法5条1項)

皆さんは，この条文の前段と後段の切れ目を指摘できたでしょうか。わからなくても安心してください。コツを知っていれば簡単です。

まず答えを言うと，「〜コトヲ得」までが前段で，「其ノ他ノ為替手形ニ」からが後段です。「得」という文字の後に「。」があれば，とてもわかりやすいですね。

まさにこれがコツです。

区切りを見つけるには「。」の前後に位置すべきキーワードの存在を意識して読んでいけばよいのです。そして，そのキーワードが現れた場所が文の区切り，ということになります。

具体的には，次のようなキーワードに注意すれば，文の区切りを見つけることができるでしょう。

「得」

「〜得ズ」「〜非ズ」「〜セズ」

「〜トス」

「〜要ス」

「但」

実際に条文を読む場合には，もっと絞り込んで，「ス」「ズ」「得」「但」という4文字に注目してみてください。

ちなみに，文の末尾の「得」は，「う」と読みます。

「⑤　漢字・表現が難しい」については，最初はなかなか大変だと思いますが，主要なものを覚えて対処してください。

以下，法律の原条文に出てくる主な難読漢字・表現を紹介します。なるべく覚えて，六法を開いた際に，声に出して読んでみてください。

なお，意味がわかりづらい語句・法律独特の意味を持つ語句には，丸かっこ内にわかりやすく意味を記しています。

悪意	**あくい（〈あることがらについて〉知っている状態）**
能ハサル	**あたわざる（〜できない）**
雖モ	**いえども（〜とは言っても）**
一筆	**いっぴつ（一つの不動産。「筆」とは不動産の個数の単位）**
（スルコトヲ）得	**う（〜することができる）**
於テ	**おいて**
〜个月	**〜かげつ（〜か月）**
係ル	**かかる（関する）**
拘ハラズ	**かかわらず**
瑕疵	**かし（キズ）**
且	**かつ**
懈怠	**けたい・かいたい（怠ること）**
欠缺	**けんけつ（不存在）**
此ノ	**この**
左ノ	**さの（次に列挙することがらの）**
相殺	**そうさい**
其ノ	**その**
爾後	**じご（その後）**
事由	**じゆう（理由や原因となること）**
善意	**ぜんい（〈あることがらについて〉知らない状態）**
尚ホ	**なお**
乃至	**ないし**
為ス	**なす**
外	**ほか**
亦	**また**
看做ス	**みなす**
若シ	**もし**
若クハ	**もしくは**
以テ	**もって**
因リ・依リ	**より**
濫用	**らんよう**

❖その他の法律学習のための用語

条文中に出てくる用語ではありませんが，法律を学習する際に知っておくべき用語を，いくつか取り上げます。

①論点

論点という言葉は，日常生活でもおなじみですね。法律学でも，ほとんど同じ意味合いで使われますが，判例と学説が対立する場合や，学説が多数に分かれている場合などに重要になってきます。このような場合には，たいてい，難しい問題が生まれているのです。何が対立する点となっているのか，つまり論点は何かを常に意識するようにしてください。

②学説・通説

学説とは，法律を研究する，主には大学の教授等，高等機関の専門家の法律問題についての考え方をいいます。

その中でも，多くの人によって一般的に支持されている考え方が，**通説**と呼ばれ，裁判例に影響を与えることもあります。

③判例

判例とは，裁判所の裁判例のことです。

判例に法としての効力が認められた場合，判例法となり法源となります。

④「蓋し」

この言葉は条文にはないものの，判例の中でたまにお目にかかります。「けだし」と読みます。

多くの場合，「**蓋し**」とは，「思うに」という意味で使われ，理由を後で述べる際に，付け加えるような形で文頭に用いられます。

⑤蓋然性

「がいぜんせい」と読みます。

英語では，probability となり，ある事柄が実際に起こるか否かの確実さの度合いを表しています。使われ方としては，「蓋然性が高い」では，「その確率が高い」という意味になります。

❸ ► 法律学習における10の鉄則

これまでのお話で，皆さんにはきっと，法律を学ぶにあたっての基礎体力がついたことと思います。

ここでは，実際に六法を学ぶにあたって強力な道しるべとなる10の鉄則を公開します。この鉄則に従って学習を続けた暁には，あなたは六法をマスターできるでしょう。

●鉄則その1●

道具を揃える

本書は，その趣旨に従って，基本的にはこの1冊で六法の基礎を学べるようになっています。しかし，これからより深く学習されるにあたって，ぜひ皆さんに，本書以外にも揃えていただきたい道具があります。

❖六法（条文集）

憲法，民法，刑法，商法，民事訴訟法，刑事訴訟法，この六つの法律が六法と呼ばれているものです。これらとは別に，これらを含む条文とその他の法律を条文集としてまとめてあるものも「六法」と呼ばれます。条文集は，憲法以下の六法を中心として編集されているからです。なお，その他の法律とは，借地借家法，地方自治法，手形法，小切手法などなどたくさんあります。法律学とは条文を解釈する学問ですから，条文が手元になければ話になりませんね。法学徒にとっての六法は，武士にとっての刀や船頭にとっての舵《かじ》と同じです。

なお，六法は雑誌だと思って下さい。法律は毎年目まぐるしく改正されます。改廃されてしまった古い条文で学習しても，意味がありません。

以下，有力な条文集を紹介します。

○大型のもの

・『六法全書』宇賀克也他・編（有斐閣）

・『有斐閣判例六法 Professional』宇賀克也他・編（有斐閣）

○中型のもの

・『模範六法』判例六法編修委員会・編（三省堂）

・『有斐閣判例六法』長谷部恭男他・編（有斐閣）

○**小型のもの**

・『デイリー六法』大石眞・編（三省堂）

・『ポケット六法』佐伯仁志他・編（有斐閣）

大型・中型は，実務家など本格的に法律を使う人達向けのものです。持ち運びや買い替えの便宜も考えると，初学者の皆さんには，小型のものでも十分に学習できると思います。

❖法律用語辞典

本書では基本的に，難解な法律用語もできる限りわかりやすく解説するよう努めていますが，その法律用語の意味をさらに深く知りたい場合には，法律用語辞典で調べてみましょう。気になった法律用語の意味をコツコツ調べることで，法律の力も着実に上がっていくはずです。

以下，お薦めできる法律用語辞典を紹介します。

・『法律学小辞典』高橋和之他・編（有斐閣）

オーソドックスな法律用語辞典。

・『法律用語ハンドブック』尾崎哲夫・著（自由国民社）

拙著で恐縮だが，法律用語をわかりやすく解説した新書サイズの手軽な解説書。

●鉄則その2●

第一に条文！

妙なことではありますが，法律の勉強は，条文をひかなくても一通りのことはできてしまいます――正確には，できたような気になることがあります。各参考書にはいろいろな情報がおり込まれているため，条文をひかなくてもわかった気になるからです。

ただ，このままでは，あくまで議論の表面しかなぞっていないことに注意をして下さい。これまで本書で何度も触れたように，法律学は条文解釈学です。常に条文のどの部分の解釈が問題になっているのかを意識していないと，本当の理解は得られないでしょう。

第一に条文！　このことをいつも頭に置いて，新聞や雑誌に掲載されている法律問題を考える時にも，どの法律のどの条文にかかる問題かを意識してください。

●鉄則その3●

常に全体を意識する

法律学習には，膨大な数の法律や論点や判例やデータが関連しています。学習途中に条文の海におぼれてしまいそうになることもあるかもしれません。一番怖いのは，おぼれてしまって，一体何の勉強をしているのかがわからなくなってしまうことです。こういうときには，その部分に固執せずに，思い切って飛ばして先に進んでしまう勇気も必要です。とりあえずでも最後まで進んで，そして初めて理解できることも往々にしてあるからです。個々の条文の理解だけではなく，あくまで**法律全体の理解**を目指すようにしましょう。

たとえば，あなたに六法の基礎を学べる時間が，12 週間あったとします。憲法，民法，刑法，商法，民事訴訟法，刑事訴訟法の六つの法律にそれぞれ 2 週間ずつ憲法から順番に勉強していくスケジュールより，まずそれぞれに 1 週間ずつあてて 6 週間勉強し，残りの 6 週間にもう一度憲法から刑事訴訟法まで繰り返す方が，より効率的な学習ができると思います。

●鉄則その4●

通説を基本に

初めて法律を学ぶ人が法律の教科書を開いてみて最初に戸惑うのは，一つの問題につき，さまざまな学説が列挙されていることだと思います。高校までだと，勉強することについて解答が複数あるなどということは，まずあり得ませんでした。しかし，前にも記したように，法律学には絶対的な正解はありません。同じ問題について，さまざまな学説が交錯しています。これもまた法律学を取っ付きにくくしている原因かも知れません。

ですから，最初のうちは，とりあえず，**「通説」と呼ばれる一般的な多数意見**に従って勉強を進めていくことをお勧めします。どれが通説なのかは，たいていの教科書には書いてありますし，もちろんこの本にも書いています。「いや，私はそんな大衆迎合主義には我慢ならない。少数説に光を当てるのだ」という方もいらっしゃるかもしれませんが，このような場合には，とりあえずは通説を理解してから，他の学説に移行して下さい。最終的にはさまざまな学説を理解することが必要になってきますが，最初のうちにあれこれ手を出すと混乱してしまう恐れがあります。

●鉄則その5●
趣旨から考える

何度も繰り返すので耳にタコができた方もいらっしゃるかもしれませんが，法律学の本質は条文解釈にあります。そして，条文を解釈するにあたって極めて重要な指針の一つとなるのが，その条文が設けられた趣旨，すなわち**制度趣旨**です。なぜなら，条文の文言の解釈が問題になっている場合には，そもそも，なぜそのような条文が置かれたのか，という理由にさかのぼって考えてみることが最も効果的だからです。

たとえば，ある条文の文言がA，Bという二通りの意味に解釈できる場合でも，制度趣旨がAの意味に近い場合には，当然Aという解釈を採る方が，理にかなった解釈だと言えるでしょう。

ですから，法律を学ぶにあたっては，学習の対象となっている条文が置かれた趣旨を常に意識してください。そして，わからない問題があったら，その制度趣旨に戻って考えてみて下さい。これがリーガルマインドの修得の基礎となります。

とは言うものの，この制度趣旨を理解するのが，実は難しい場合が往々にしてあります。

しかし，前述したように，法解釈は，正義と公平の実現という法の目的にかなうように行われるべきです。とすれば，制度趣旨の把握にあたっても，条文自体の意味はもちろん，その条文の法典の中の位置付けなどを，正義と公平の実現の観点に立ちかえって考えてみれば，おのずと答えは出てくるでしょう。

●鉄則その6●
対立利益・結論の妥当性を意識する

法律は紛争解決のために作られたものです。ですから，法律の対象となっていることがらでは，必ず誰かと誰かの利益が対立しています。

このことは，六法でも同じです。たとえば憲法においては，「個人の基本的人権の保障VS公共の福祉」という対立がメインテーマになっています。より具体的に言うと，「表現の自由VSプライバシー権」などがそうです。そして，解釈を通じてこれらの対立を解決するための妥当な結論を導くことこそが法律学です。

したがって，法律を学ぶにあたっては，学説の理論的対立のみに目を向けるのではなく，今まさに**問題となっている当事者の対立利益に着目し，どちらの利益を優先させるのかという妥当性のある結論を考えていくべき**です。このような対立する利益のバランスをとることを通じて，リーガルマインドを養っていくわけです。

それでもやはり，法律を学んでいると，その途中で，学説の理論的な対立にのめり込み，これを忘れてしまうことがあります。特に，学説の理論的一貫性が重視される刑法などではその危険が大きいと言えます。

いくら論理的な解釈であっても，当事者の利益の対立を解決するにあたって妥当な結論を導くことができなければ，それは正義と公平の実現という法の目的から外れてしまいます。ですから，法律の学習に際しては，「初心忘るるべからず」の精神で，制度趣旨と同様，この対立利益と結論の妥当性を常に意識するように心がけて下さい。

●鉄則その 7●
暗記するべき事はきっちり暗記

前述のように，法律学習の意義はリーガルマインドの修得にあります。しかし，この前提として，**記憶するべき事はきっちり暗記**してください。法律を学ぶにあたっては，定義・要件・効果といった記憶するべきことがらが多くあります。

よく「法律の勉強は暗記ではない，理解だ」ということが言われますが，これは暗記をしなくてもよいという意味ではないと思います。前提として暗記があり，その上で理解に重点を置け，という意味です。

●鉄則その 8●
社会に興味を持つ

法律の議論は教科書の中だけで行われているわけではありません。世論や社会情勢の変化は，学説や法改正や立法に，大きな影響を与えます。また，判例も世論と無関係ではいられません。最近の立法では，自動車運転死傷行為処罰法の制定などがわかりやすい例でしょう。これは，悲惨な交通事故に端を発する交通事故厳罰化を求める世論の高まりを受け，制定されたものです。

日本は民主主義国家ですから，世論が法律に大きな影響を与えるというのは当然のことです。ですから，日々，社会に興味を持って，新聞やテレビや雑誌から得られる情報をチェックして，あらゆる社会情勢に注意を払っておくのは，とても大切なことです。特に，会社法・商法の改正などは，生の経済情勢に触れていなければ，教科書だけでは趣旨を理解しきれない場合がよくあります。

法律の学習が机上の空論に終わらないよう，気をつけたいものです。

●鉄則その9●

傍聴に出かけよう

なかなか法律の現場を見る機会がない方は，裁判の傍聴に出かけることをお勧めします。裁判はまさに法律の現場の最たるものですから，将来法曹を目指されている方はもちろん，それ以外の方にとっても非常に有意義な経験になると思います。また，学習に対する実際的な効果としても，訴訟法の勉強をする際に具体的なイメージが描けるようになるでしょう。

裁判は原則として誰でも傍聴することができます。裁判の公開は，憲法で厚く保障されています。

また，各地の弁護士会では定期的に裁判傍聴会を開いているところもあります。「裁判所に一人で行くのはちょっと…」という方にはこれに参加してみることをお勧めします。弁護士の方が付き添って手続・事案について解説してくれますから，充実した体験ができます。

ちなみに，裁判員制度が平成21年から開始されました。裁判員制度とは，選挙権を持つ国民から無作為に選ばれた裁判員が，殺人，傷害致死などの重大事件の刑事裁判で裁判官と一緒に裁判をするというものです。裁判員裁判では，原則として6人の裁判員と3人の裁判官で審理を行います。「なにも法律家を目指しているわけじゃないから…」と思われた方も，将来は裁判を傍聴した経験が活かされる機会があるかもしれませんね。

●鉄則その10●

息抜きも法律で

勉強には息抜きも必要です。最近の書店には，雑誌，小説，漫画などでも法律を素材にしたものが，多く置かれています。時には違った角度から法律を見てみるのもよいと思います。娯楽としておもしろく，かつ学習に役立つものもあります。

以下，有力なものを紹介します。

❖雑誌

・『法学教室』(有斐閣)
主に法学部の学生を対象とした法律雑誌。

・『法学セミナー』(日本評論社)
こちらも学生向けの法律雑誌。

・『ジュリスト』(有斐閣)
法律雑誌の王道だが，息抜きでは読めないかも知れない。

・『ビジネス法務』(中央経済社)
ビジネスマンを対象とした法律雑誌。比較的読みやすい。

・『受験新報』(法学書院)
主に司法試験，法科大学院受験生を対象とした雑誌。類書としては，他に『Hi Lawyer (ハイローヤー)』(辰已法律研究所) などがある。

・『受験ジャーナル』(実務教育出版)
大卒程度の公務員受験生を対象とした雑誌。

❖小説

・『小説で読む会社法』菅原貴与志 (法学書院)
新米女性法務部員の奮闘記。最新の会社法には対応していないものの，会社法全体のイメージをつかむのに役立つ。

・『空想法律読本』盛田栄一他 (宝島社)
本書は空想科学読本シリーズの姉妹編で，小説ではないが，便宜上ここに挙げておく。本書の内容は，ウルトラマンの行為は刑法上の器物損壊罪にあたるか，など特撮ヒーローの行為を法律の観点から分析する好奇心に満ちたもの。要件・効果を意識せざるをえないため，意外に法律の勉強に役に立つ。

❖漫画

・『マンガ法律の抜け穴』(自由国民社)
法律にまつわる漫画の短編集。一話一話が独立しているため手軽に読める。

・『家裁の人』毛利甚八・魚戸おさむ (小学館)
家庭裁判所判事の活動の軌跡をつづった作品。少年事件を対象とする法律家を志している人は必読。

・『ナニワ金融道』青木雄二（講談社）

大阪の消費者金融の世界に足を踏み入れた青年の成長記。ストーリーが極めてリアルであるため，生の法律（の恐さ）を実感できる。また，話の中では民法，商法が駆使されているため，これらの学習にも役立つ。

・『ミナミの帝王』天王寺大・郷力也（日本文芸社）

大阪ミナミの高利貸しの活躍伝。民法，商法の基礎的な制度，典型論点を扱っている場合が多いため，意外にも教科書の内容に直結している話が多い。

・『カバチタレ！』田島隆・東風孝広，青木雄二監修（講談社）

行政書士の奮闘記。これも生の法律（の恐さ）が実感できる。

・『マンガからはいる法学入門』矢野達雄（新日本出版社）

❹▶本書を卒業したら

少々気が早いですが，晴れて本書を卒業した暁には，堂々と次のステップに進んでください。

まずは，以下，法律系の資格試験・採用試験を紹介します。本書に書かれていることをきちんと理解していれば，これらの試験のための勉強にあたっても必ず役に立つと思います。

ただし，法律の勉強の意義はリーガルマインドの修得にあります。ですから，資格試験の勉強をする場合にも，暗記だけの勉強に陥らずに，常にこのことを意識するようにしましょう。

なお，六法が試験科目に含まれている代表的なものを挙げています。

また，これらに加えて，より深く法律を学びたいという方のために，本格的な法律体系書の紹介もしました。興味のある方は参考にして下さい。

(注) **各試験の申込み期間や試験日，試験科目は変更されていることもあります。あらかじめご了承ください。**

●1●
資格試験

難易度は「☆」五つが最大，「★」は☆の半分です。

❖司法試験予備試験

[概要]

法科大学院を経由せずに，司法試験を受験することができる資格。

[試験の流れ]

短答式試験→論文式試験→口述試験

[試験科目]

1次試験：短答式試験
法律基本科目（**憲法，行政法，民法，商法，民事訴訟法，刑法及び刑事訴訟法**），一般教養科目

2次試験：論文式試験
法律基本科目（**憲法，行政法，民法，商法，民事訴訟法，刑法及び刑事訴訟法**），一般教養科目，法律実務基礎科目

3 次試験：口述試験　　法律実務基礎科目

[試験日]

1 次試験：5 月中旬

2 次試験：7 月中旬

3 次試験：10 月下旬

[申込み期間]

1 月下旬

[主催者・願書請求先]

司法試験委員会・法務省（http://www.moj.go.jp/）

[難易度]

☆☆☆☆★

[備考]

2011 年より実施されています。受験資格及び受験回数の制限はありません。

❖司法試験

[概要]

裁判官，検察官，弁護士になるための試験。法科大学院制度の導入に伴い変更され，以下の内容に至っています。

[試験の流れ]

短答試験・論文試験

[試験科目]

短答：**憲法，民法，刑法**

論文：公法系，民事系，刑事系，選択科目（⑴倒産法，⑵租税法，⑶経済法，⑷知的財産法，⑸労働法，⑹環境法，⑺国際関係法〈公法系〉，⑻国際関係法〈私法系〉から受験者があらかじめ 1 つを選択）

[試験日]

5 月中旬

[申込み期間]

11 月下旬～12 月上旬

[願書請求先]

司法試験委員会・法務省（http://www.moj.go.jp/）

[難易度]

☆☆☆☆☆

[備考]

新旧司法試験の併行実施が終了したことに伴い，「新司法試験」から「司法試験」となりました。法科大学院課程の修了者及び司法試験予備試験の合格者が受験することができます。受験については，期間に関する制限があります。

❖司法書士試験

[概要]

登記業務のエキスパートである司法書士になるための試験。最近簡裁代理権が付与され，活躍の場が広がりました。

[試験の流れ]

筆記（択一・記述）試験→口述試験

[試験科目]

択一試験　　　：**憲法**，**民法**，**刑法**，**商法**，供託法，**民事訴訟法**，民事執行法・民事保全法，司法書士法

択一・記述試験：不動産登記法・商業登記法

口述試験　　　：筆記試験の内容について

[試験日]

筆記試験　　　：7月上旬

口述試験　　　：10月中旬

[申込み期間]

5月中旬

[主催者・願書請求先]

法務省（http://www.moj.go.jp/）

[難易度]

☆☆☆☆★

[備考]

簡裁代理権は，「簡裁訴訟代理等能力認定考査」で認定を受けた司法書

士に与えられます。

❖弁理士試験

［概要］

知的財産権，特に特許実務のエキスパートである弁理士になるための試験。知的財産権意識の高まりから，近年特に注目が集まっています。

［試験の流れ］

短答（択一）試験→論文試験→口述試験

［試験科目］

短答　：特許法・実用新案法，意匠法，商標法，工業所有権に関する条約，著作権法・不正競争防止法

論文　：（必須科目）特許法・実用新案法，意匠法，商標法
（選択科目）工学系5科目と弁理士の業務に関する法律

口述　：特許法・実用新案法，意匠法，商標法

［試験日］

短答試験　：5月中旬～下旬

論文試験　：必須科目　6月下旬～7月上旬
選択科目　7月下旬～8月上旬

口述試験　：10月中旬～下旬

［申込み期間］

3月下旬～4月上旬

［主催者・願書請求先］

特許庁（http://www.jpo.go.jp/indexj.htm）

［難易度］

☆☆☆☆★

［備考］

論文式試験選択科目のうち「弁理士の業務に関する法律」は，民法（総則，物権，債権）から出題。

なお，選択科目・選択問題からは1科目・1題を選択。

❖不動産鑑定士試験

［概要］

不動産鑑定評価を主な業務とする不動産鑑定士になるための試験。司法試験，司法書士試験と合わせて法律系三大資格試験と言われることもあります。

平成 18 年から新しい制度に変わりました。

［試験の流れ］

短答（択一）試験→論文試験

［試験科目］

短答：不動産に関する行政法規および不動産鑑定評価理論

論文：民法，会計学，経済学および不動産鑑定評価理論

［試験日］

短答試験：5 月上旬〜中旬

論文試験：8 月初旬

［申込み期間］

試験日より 60 日以上前の 2 週間程度

［主催者・願書請求先］

国土交通省（http://www.mlit.go.jp）

［難易度］

☆☆☆☆★

［備考］

従来の第 1 次試験および第 3 次試験に当たるものは廃止されました。

❖行政書士試験

［概要］

行政機関に提出する書類の作成を主な業務とする，行政書士になるための試験。平成 18 年に制度が大きく変わりました。

［試験の流れ］

行政書士試験

［試験科目］

・**憲法**，**民法**，**商法**，行政法（行政法理論，行政手続法，行政事件訴訟法，行政不服審査法，国家賠償法，地方自治法など），基礎法学　→　択一

式と記述式
・行政書士の業務に関連する一般知識　→　択一式

［試験日］

11 月上旬～中旬

［申込み期間］

8 月上旬～9 月上旬

［主催者・願書請求先］

行政書士試験研究センター（http://gyosei-shiken.or.jp/）

［難易度］

☆☆☆

［備考］

平成 18 年度試験から，科目，試験日が変更されていますので注意して下さい。

❖宅地建物取引士資格試験

［概要］

近年は毎年約 20 万人が出願する日本最大の国家試験。

宅地建物取引業者（不動産業者）は，その事務所等に従業員中 5 人に 1 人の割合で宅建主任者を置かなければならない等のルールがありますので，実際的必要性が高いと言えます。

［試験の流れ］

宅地建物取引主任者試験

［試験科目］

権利関係（**民法**・借地借家法・不動産登記法・区分所有法），宅建業法，法令上の制限（都市計画法・建築基準法・国土利用計画法・宅地造成等規制法・農地法・土地区画整理法・森林法その他），税法，など

［試験日］

10 月中旬

［申込み期間］

7 月上旬～7 月下旬

［主催者・願書請求先］

不動産適正取引推進機構（http://www.retio.or.jp）

［難易度］

☆☆☆

［備考］

試験はすべて択一式。

❖ビジネス実務法務検定試験

［概要］

実務的観点から法律知識の検定を行う試験。1級（論述式），2級（択一式），3級（択一式）があります。

［試験の流れ］

ビジネス実務法務検定試験

［出題分野］

民法，**商法**，**民事訴訟法**，独占禁止法，労働法，知的財産法，不正競争防止法，製造物責任法，消費者保護法，破産法など

［試験日］

7月（3・2級），12月（3・2・1級）

［申込期間］

7月試験：4月下旬〜5月下旬，12月試験：9月下旬〜10月下旬

［主催者・願書請求先］

東京商工会議所（http://www.tokyo-cci.or.jp/）

［難易度］

1級：☆☆☆☆

2級：☆☆☆

3級：☆

［備考］

平成20年度実施の試験から，1級試験の不合格者のうち得点が上位の者を「準1級」として認定する制度が始まりました。

❖法学検定試験

［概要］

法学知識の検定試験。ビジネス実務法務検定に比べ，学問的色彩が強く，ベーシック〈基礎〉コース，スタンダード〈中級〉コース，アドバンスト

〈上級〉コースがあります。

[試験の流れ]

法学検定試験

[試験科目]

上級コース：法学基礎論，**民法**，**憲法**，**刑法**，選択科目（A：**商法**，**民事訴訟法**，**刑事訴訟法**，行政法／B：労働法，倒産法，経済法，知的財産法／Aから1科目，ABすべてからもう1科目選択）

中級コース：法学一般，**民法**，**憲法**，**刑法**，選択科目（A：**商法**，**民事訴訟法**，**刑事訴訟法**，行政法／基本法総合：**憲法**，**民法**，**刑法**／Aおよび基本法総合から1科目選択）

基礎コース：法学入門，**憲法**，**民法**，**刑法**

[試験日]

11月～12月

[申込み期間]

9月中旬～10月中旬

[主催者・願書請求先]

日弁連法務研究財団（http://www.jlf.or.jp/）

[難易度]

上級コース：☆☆☆

中級コース：☆

基礎コース：★

[備考]

すべて択一式。

●2●

採用・入学試験

❖国家公務員総合職試験

［概要］

主として政策の企画立案等の高度の知識，技術又は経験を必要とする業務に従事することを職務とする者の登用試験。大卒程度試験と院卒者試験があり，政治・国際，法律，経済などの試験区分があります。

［試験の流れ］

1次試験（択一）→2次試験（記述式・討議・人物試験）(→官庁訪問→内定)

［専門試験の出題分野の例（大卒程度試験の法律区分の場合）］

択一式：**憲法**，行政法，**民法**は必須問題とし，選択問題として商法，刑法，労働法，国際法，経済学・財政学の18題から任意の計9題解答。

記述式：**憲法**，**民法**，行政法，国際法，公共政策の5科目から3科目選択

［試験日］

1次試験：4月下旬　※区分によっては9月下旬に行われます

2次試験：5月下旬～6月中旬

［申込み期間］

4月上旬

［主催者・願書請求先］

人事院（http://www.jinji.go.jp/top.htm）

［難易度］

☆☆☆☆★

［備考］

平成24年度から試験体系が変わりました。Ⅰ種試験，Ⅱ種試験，Ⅲ種試験を廃止し，総合職試験及び一般職試験に再編。総合職試験に院卒者試験が創設されました。総合職試験(院卒者試験)の「法務区分」は，司法試験に合格した者を対象としています。試験合格は第一関門で，合格後は官庁訪問を行って各省庁から内定を得る必要があります。

❖国家公務員一般職試験

[概要]

主として事務処理等の定型的な業務に従事することを職務とする者の登用試験。大卒程度試験と高卒者試験があり，行政ほか試験区分があります。

[試験の流れ]

1次試験（択一・記述式）→2次試験（人物試験）（→官庁訪問→内定）

[試験科目の例（最も一般的な行政区分の場合）]

専門試験（政治学，行政学，**憲法**，行政法，**民法**（総則及び物権），民法(債権，親族及び相続)，ミクロ経済学，マクロ経済学，財政学・経済事情，経営学，国際関係，社会学，心理学，教育学，英語（基礎），英語（一般）の16科目から8科目を選択して解答)，基礎能力試験（択一式)，一般論文試験

[試験日]

6月中旬～

[申込み期間]

4月

[主催者・願書請求先]

人事院（http://www.jiuji.go.jp/top.htm）

[難易度]

☆☆☆☆

[備考]

Ⅰ種と同じく，合格後は官庁訪問を行って内定を得る必要があります。

❖地方公務員上級採用試験

[概要]

都道府県庁，政令指定都市市役所の幹部職員登用試験。

[試験の流れ]

1次試験（択一）→2次試験（面接その他）

[試験科目の例（代表的なもの）]

憲法，**民法**，**刑法**，行政法，労働法，行政学，政治学，経済原論，財政学，経済政策，経済史，経済事情，国際関係，社会学など

[試験日]

6月下旬

[申込み期間]

5月

[主催者・願書請求先]

各自治体

[難易度]

☆☆☆☆

[備考]

試験科目は自治体によって異なります。

❖法科大学院入学試験

[概要]

いわゆるロースクールの入学試験。法科大学院ごとに行われます。

[試験の流れ]

1次試験（書類審査）→2次試験（論文・面接等）

[試験科目]

法科大学院により異なるが，おおむね，未修者コースは小論文・面接，既習者コースは法律科目試験（**憲法**，**民法**，**刑法**，**商法**，**民事訴訟法**，**刑事訴訟法**〈＋行政法〉）。

[試験日]

法科大学院により異なりますが，おおむね夏期，冬期。

[申込み期間]

法科大学院により異なります。

[主催者・願書請求先]

各法科大学院

[備考]

上記の試験の流れは標準的なものであり，実際は各法科大学院によって異なります。

●3●
法律体系書

版数表示は割愛させていただきました。

❖憲法

・『憲法』芦部信喜 (岩波書店)

わが国の憲法学を代表する著者による憲法の代表的体系書。明快かつシンプル。著者は故人だが，高橋和之氏が補訂している。

・『日本国憲法論』佐藤幸治 (成文堂)

芦部『憲法』と並ぶ代表的体系書。網羅性が高い。

・『憲法Ⅰ・Ⅱ』野中俊彦・中村睦男・高橋和之・高見勝利 (有斐閣)

・『憲法Ⅰ基本権』渡辺康行・宍戸常寿・松本和彦・工藤達朗 (日本評論社)

・『憲法1・2』渋谷秀樹・赤坂正浩 (有斐閣アルマ)

・『新基本法コンメンタール 憲法』芹沢斉・市川正人・阪口正二郎編 (日本評論社)

・『注解法律学全集 憲法Ⅰ・Ⅱ・Ⅲ・Ⅳ』樋口陽一・中村睦男・佐藤幸治・浦部法穂 (青林書院)

・『憲法基本判例を読み直す』野坂泰司 (有斐閣)

・『はじめての憲法総論・人権』尾崎哲夫 (自由国民社)

・『はじめての憲法統治』尾崎哲夫 (自由国民社)

❖民法

・『民法Ⅰ～Ⅳ』内田貴 (東京大学出版会)

現在における民法の代表的体系書。内容は非常に高度。

・『民法の基礎1・2』佐久間毅 (有斐閣)

・『民法Ⅰ～Ⅴ (有斐閣Sシリーズ)』山田卓生他 (有斐閣)

オーソドックスな体系書。

・『民法1～3』我妻榮他 (勁草書房)

通称「ダットサン」。「小型でパワフル」がうたい文句の日産の自動車から名づけられた。

・『民法講義Ⅰ～Ⅶ』 近江幸治 (成文堂)

・『基本民法Ⅰ－Ⅲ』大村敦志（有斐閣）
・『コア・テキスト民法Ⅰ－Ⅵ』平野裕之（新世社）
・『はじめての民法』　尾崎哲夫　（自由国民社）
・『はじめての民法総則』　尾崎哲夫　（自由国民社）
・『はじめての債権総論』　尾崎哲夫　（自由国民社）

❖刑法

・『刑法』山口厚（有斐閣）
　コンパクトで使い勝手のよい優れた体系書。
・『刑法総論講義』『刑法各論講義』前田雅英（東京大学出版会）
　現在における刑法の代表的体系書。結果無価値論をベースとする前田説と呼ばれる独特な理論に基づいているが，他の学説に対する配慮も厚い。
・『刑法総論』『刑法各論』山口厚（有斐閣）
　結果無価値論の現在における代表的体系書。難解だと言われているが，非常に精緻な論理展開がなされている。
・『刑法概説総論』『刑法概説各論』大塚仁（有斐閣）
　行為無価値論の本流，団藤-大塚ラインの現在における代表的体系書。
・『刑法講義総論』『刑法講義各論』大谷實（成文堂）
　行為無価値論の代表的体系書。
・『刑法総論講義案』裁判所職員総合研修所（司法協会）
　「書研」（こちらは旧称）とか「総研」と呼ばれる。裁判所書記官の研修用テキストであり，裁判官が執筆している。
・『刑法総論』『刑法各論』曽根威彦　（弘文堂）
　代表的な基本書の一つ。
・『基礎から学ぶ刑事法（有斐閣アルマ）』井田良　（有斐閣）
・『刑法総論』『刑法各論』高橋則夫（成文堂）
・『リーガルクエスト刑法総論』『リーガルクエスト刑法各論』今井猛嘉・小林憲太郎・島田聡一郎・橋爪隆（有斐閣）
・『刑法判例百選Ⅰ・Ⅱ』山口厚・佐伯仁志編　（有斐閣）
・『はじめての刑法総論』　尾崎哲夫　（自由国民社）
・『はじめての刑法各論』　尾崎哲夫　（自由国民社）

❖商法

[会社法編]

・『リーガルマインド会社法』弥永真生（有斐閣）
横書き，図表の多用等，体系書の中では非常に読みやすいレイアウトになっている。

・『株式会社法』江頭憲治郎（有斐閣）
代表的な基本書の一つ。

・『会社法』神田秀樹（弘文堂）
代表的な基本書の一つ。

・『リーガルクエスト会社法』伊藤靖史・大杉謙一・田中亘・松井秀征（有斐閣）

・『ポイントレクチャー会社法』近藤光男・柴田和史・野田博（有斐閣）

・『はじめての会社法』 尾崎哲夫 （自由国民社）

[商法総則・商行為法編]

・『リーガルマインド商法総則・商行為法』弥永真生（有斐閣）
代表的体系書。読みやすいレイアウトは会社法同様。

・『商法Ⅰ総則・商行為（有斐閣Ｓシリーズ）』落合誠一他（有斐閣）
オーソドックスな体系書。

・『商法総則・商行為法』近藤光男（有斐閣）

・『商法総則講義』『商行為法講義』森本滋他（成文堂）

・『商取引法』江頭憲治郎（弘文堂）

・『はじめての商法総則・商行為』 尾崎哲夫 （自由国民社）

[手形法・小切手法編]

・『リーガルマインド手形法・小切手法』弥永真生（有斐閣）
通説の代表的体系書。読みやすいレイアウトは会社法同様。

・『最新手形法小切手法』田邊光政（中央経済社）
通説の代表的体系書。

・『書式　手形・小切手訴訟の実務』大崎晴由（民事法研究会）

・『商法Ⅲ　手形・小切手（有斐閣Ｓシリーズ）』大塚龍児・林たつみ・福瀧博之（有斐閣）

・『手形小切手法講義』田邊宏康（成文堂）

❖民事訴訟法

・『民事訴訟法』上田徹一郎（法学書院）
旧訴訟物理論の代表的体系書。網羅性は極めて高いが，読みこなすのには根気がいる。
・『新民事訴訟法』新堂幸司（弘文堂）
新訴訟物理論の代表的体系書。
・『民事訴訟法』伊藤眞（有斐閣）
旧訴訟物理論の代表的体系書。ちなみに，著者は某資格試験予備校の塾長とは別の人。
・『重点講義民事訴訟法』高橋宏志（有斐閣）
・『新民事訴訟法講義（有斐閣大学双書）』中野貞一郎・松浦馨・鈴木正裕編（有斐閣）
・『民事訴訟法』松本博之・上野泰男（弘文堂）
・『新民事訴訟法概要』林屋礼二（有斐閣）
・『はじめての民事訴訟法』 尾崎哲夫 （自由国民社）

❖刑事訴訟法編

・『刑事訴訟法』田口守一（弘文堂）
代表的体系書の一つ。訴訟法の本にしては珍しくコンパクト。
・『リーガルクエスト刑事訴訟法』宇藤崇・松田岳士・堀江慎司（有斐閣）
・『刑事訴訟法』白取祐司（日本評論社）
・『刑事訴訟法』田中開・寺崎嘉博・長沼範良（有斐閣アルマ）
・『よくわかる刑事訴訟法』椎橋隆幸（ミネルヴァ書房）
・『刑事訴訟法講義』池田修・前田雅英（東京大学出版会）

❖法律英語編

・『法律英語用語辞典』 尾崎哲夫 （自由国民社）
拙著の中で，私が一番自信を持っている本。法律英語の定番になっている。

❖その他の法律編

・『自由法曹団物語　世紀をこえて　上・下』 自由法曹団編　(日本評論社)
・『情報知的財産権』牧野和夫　(日本経済新聞社)
・『法社会学への誘い』 矢野達雄・楜澤能生編　(法律文化社)
・『競争社会アメリカ　競争は善，独占は悪』 長谷川俊明　(中公新書)
・『訴訟社会アメリカ　企業戦略構築のために』長谷川俊明　(中公新書)
・『貧困なる精神O集「裁判官」という情《なさけ》ない職業　これでも裁判所を信頼しますか』本多勝一　(朝日新聞社)
・『Legal Research』 指宿信・井田良・夏井高人・山野目章夫　(日本評論社)
・『法律学の正体』新版　副島隆彦・山口宏　(洋泉社)
・『法律学習マニュアル』 弥永真生　(有斐閣)
・『法と社会　新しい法学入門』 碧海純一　(中公新書)
・『外国法の調べ方－法令集・判例集を中心に－』 田中英夫・野田良之・村上淳一・藤田勇・浅井敦　(東京大学出版会)
・『法学史』 碧海純一・伊藤正己・村上淳一　(東京大学出版会)
・『知的財産法　ハイテクとビジネスに揺れる制度』 名和小太郎　(日本経済新聞社)
・『ある法学者の軌跡』 川島武宜　(有斐閣)
・『はじめての行政法』 尾崎哲夫　(自由国民社)
・『はじめての労働法』 尾崎哲夫　(自由国民社)
・『日本の法学者』 潮見俊隆・利谷信義　(日本評論社)
・『法律を読む技術・学ぶ技術』 吉田利宏　(ダイヤモンド社)
・『刑事裁判を見る眼』 渡部保夫　(岩波書店)

1時間目
はじめての六法・その1
憲法

▶Constitution of Japan

- 第１章　天皇
- 第２章　戦争の放棄
- 第３章　国民の権利及び義務
- 第４章　国会
- 第５章　内閣
- 第６章　司法
- 第７章　財政
- 第８章　地方自治
- 第９章　改正
- 第10章　最高法規
- 第11章　補則

●1●
憲法とは何か

❖憲法とは

憲法は「国の最高法規」(98条) です。国民の人権を「侵《おか》すことのできない永久の権利」とし (97条), 国家権力の権限を厳密に定義しています。

❖憲法の分類

憲法の意味を分類してみましょう。

憲法の基本的な分類
①形式的意味の憲法
②実質的意味の憲法──固有の意味の憲法
└近代的意味＝立憲的意味の憲法

形式的意味の憲法とは, 憲法という形式を採用している成文の法典を指します。現在の日本国憲法や, 明治憲法＝大日本帝国憲法がこれにあたります。

実質的意味の憲法とは, その存在形態に関係なく内容に着目して捉えた概念です。

固有の意味の憲法とは, いかなる時代のいかなる国家にも存在する国家の権力組織に関する根本的ルールです。

近代的意味の憲法は, 専断的な権力を制限し, 広く国民の権利を保障し, そして権力分立を基本とする国家を目指す立憲主義の思想に基づいた憲法を指します。**立憲的意味の憲法**ともいいます。

❖立憲的意味の憲法の特徴

中世では, 農民, 領主, 君主からなる封建制度が見られました。農民は生涯土地に縛られ, 親の都合で婚姻が決まるなど, 自由な意思は封殺されていました。その一方で, 君主ですら拘束する高次の法 (higher law) または根本法（fundamental law）と呼ばれた法がありました。

近代思想のパイオニアたち
ロック（1632-1704年）——自然法思想
ルソー（1712-1778年）——社会契約説

やがて絶対王政が封建制に代わり，増大した君主の権力から人々を守るために，ロックやルソーなどが斬新なパラダイム（考え方の枠組み）を提供しました。

ロックは①自然権（natural rights），②社会契約（social contract），③抵抗権からなる立憲主義を提唱しました。自然権思想は，人間は生まれながら自由・平等で，生命（life），自由（liberty），財産（property）の基本的人権を有すると主張しました。この思想は，アメリカ合衆国憲法（1788年）やフランス人権宣言（1789年）に受け継がれました。日本国憲法13条にも「生命，自由及び幸福追求に対する国民の権利は，公共の福祉に反しない限り，立法その他の国政の上で最大の尊重を必要とする」とあり，自然権思想が受け継がれています。

ルソーが提唱した「社会契約」とは，自然権を持つ人々が，ある種の契約によって，政府に権力の行使をゆだねたと考えます。そして政府が不当に権力を行使した場合には，人々は政府に対して抵抗する権利を有する，というものです。

❖立憲主義と法の支配・法治主義

法の支配（rule of law）とは，人の支配（君主や暴君）を排除し，国家権力を法の下に拘束します。国民の権利・自由を擁護するという考え方です。民主主義や人権の考え方と密接に結びつきます。

これに対し，**法治主義**（rule by law）の「法」とは，その内容を問わない形式的意味の法律であり，いかなる政治体制とも結びつく危険性も持っています。法律の名の下に，独裁を貫徹する道具にもなりえます。たとえば，戦前のドイツ憲法や明治憲法がその例です。

❖憲法の特徴

憲法には三つの特徴があります。

①最高法規性　　憲法に反する法律や命令は無効
②制限規範性　　国家権力の濫用を制限し，個人を尊重
③根本規範性　　国家の根本的な価値が組み込まれている

❖日本の憲法の歴史

明治憲法（1889年制定）は，立憲君主制を採る非民主主義的な憲法でした。

1945年ポツダム宣言を受諾し，GHQから新憲法の作成を命じられた政府は曲折を経て，日本国憲法を1946年11月3日に公布，翌年5月3日から施行しました。

❖日本国憲法の原則

憲法の前文を見てみましょう。

憲法前文――四つの段落の内容
①国民主権・国民が憲法を確定・代表民主制・人権の尊重
②平和主義・人権の尊重
③国家の政治道徳の原理・国家の責務
④理想・目的の達成を宣言

この前文から，**国民主権・基本的人権の尊重・平和主義**という憲法の3大原則が導かれます。

●2●
国民主権の原理

❖国民主権とは何か？

「国民」と「主権」との二つに分けて考えていきます。

まず，主権の概念は三つに分類できます。

「主権」の意味
①国家の統治権
②国家権力の最高・独立性
③国政に関する最高決定権

①は国家が有する支配権，つまり立法権，行政権，司法権を総称する統治権のことです。憲法41条の「国権」がこれに当たります。

②は，国内では最高の地位を占め，国外では独立していて外国からの内政干渉を否定する，といった意味です。内にあっての最高とは，中世ヨーロッパでは，国王，貴族，教会，教皇，自治都市などの諸権力が王国内に点在していましたが，近世に入ると国王（国家）に諸権力が集中することで国内の最高権力者になったということです。

③は国の政治のあり方を最終的に決定する力または権威という意味です。憲法前文1項の「ここに主権が国民に存することを宣言し」および，1条の「主権の存する日本国民の総意」の「主権」がこれに相当します。

❖国民主権の意味

国民主権という言葉の「主権」とは，上で説明しました主権の三つの分類のうち，③に当たります。**国政のあり方を最終的に決定する力または権威は国民にある**，ということです。

さて，国民主権には二つの要素があります。

「国民主権」の二つの要素
①権力的契機《けいき》
②正当性の契機

①の権力的契機とは，「国の政治のあり方を最終的に決定する権力を国民自身が行使する」という意味です。

②の正当性の契機とは，「国家の権力行使を正当づける究極的な権威は国民にある」という意味です。つまり国民が支持している国家の権力行使は正当化される，ということです。権力的契機では，主権の主体は有権者を意味し，直接民主制と密接に結びつきます。これに対し，正当性の契機では，主権の主体は全国民を意味し，代表民主制（議会制）と結びつきます。

❖象徴天皇制

明治憲法では，天皇は神聖不可侵で統治権を一手に握るとされていました。現在の憲法１条で「天皇は，日本国の象徴であり日本国民統合の象徴」となりました。ここで，「象徴」とは，抽象的なものを表すのに役立つ具体的なものをいいます。象徴天皇制の主眼は，天皇に国の象徴たる役割以外の権力を持たせないことにあります。

❖皇位の継承

２条に「皇位は世襲のもの」であると規定されています。天皇という地位は非常に特殊なため，女子には継承権を認めていません（皇室典範１条）。また継承は血縁者に限られるなどの制約があります。

❖天皇の権限

４条は「天皇は，この憲法の定める国事に関する行為を行ひ，国政に関する権能を有しない」と規定しています。国事行為は６条と７条に書かれています。また，天皇の国事行為には内閣の助言と承認が必要で，国事行為の結果について責任を負うのは内閣であり，天皇は責任を問われません

(3条)。

❖皇室経費

憲法8条の趣旨は，皇室と特定の人との結びつきを防止することです。皇室経費は国会によって予算に計上されます。皇室経費には，①内廷費(日常の生活費)，②宮廷費（生活費以外の皇族の活動費)，③皇族費（皇族としての品位保持にあてるもの)，があります。

●3●
平和主義の原理

❖平和主義

日本国憲法は，前文と，それを具体化した9条とによって，**平和主義**を宣言しています。

人類は，戦争廃絶に向けさまざまな知恵を出してきました。カント(1724-1804年）による「永遠平和のために」での常備軍廃止の提唱，ウィルソン（1856-1924年）の平和構想と国際連盟設立（1920年)，2度の世界大戦の反省に立った国際連合設立（1945年)，等です。また，各国の憲法でも侵略戦争の放棄は珍しくありません（1949年のドイツ基本法など)。

日本国憲法は，以下の3点において戦争否定の態度を表明しています。

日本国憲法と戦争
①侵略戦争を含めた一切の戦争と武力の行使および武力による威嚇を放棄した
②それを徹底するために戦力の不保持を宣言した
③国の交戦権を否認した

❖9条の解釈

戦争とは，「宣戦布告によって戦意が表明され，戦時国際法規の適用を受けるもの」をいいます。問題は，9条1項において，侵略戦争を放棄していますが，自衛のための戦争をも放棄したのか，ということです。通説は，1項で放棄されているのは侵略戦争であり自衛戦争は放棄されていない，とします。「国際紛争を解決する手段としての戦争」とは，「国家の政策手段としての戦争」と同じ意味であり，具体的には侵略戦争を意味すると考えるためです。しかし，侵略戦争と自衛戦争を区別することは実際には難しい，という意見もあります。

次に9条2項を見ましょう。「前項の目的」の意味を，「正義と秩序…国際平和を誠実に希求」することととれば，あらゆる戦争を禁止することになります。しかし，侵略戦争を放棄することととれば，自衛戦争は，禁止していないことになります。

最も議論が熱くなるのが，戦力の不保持です。まず，自衛権とは，「外国からの急迫・不正の侵害を受けた場合に，これを排除するのに適切な手段がないとき，自国を守るために必要な一定の実力行使をする権利」を意味します。つまり，すべての主権国家は——もちろん日本も——自衛権をもっています。次に，戦力とは，「軍隊および有事の際にそれに転化しうる程度の実力部隊」を意味します。

かつては自衛隊の前身である警察予備隊は軍隊に及ばない警察力であるから，合憲だと説明されていました。しかし，現在では自衛のための必要最小限度の戦力は，憲法で保持することを禁じられている「戦力」にあたらないから，合憲であるという解釈がとられています。

日米安全保障条約の合憲性について，東京地方裁判所は憲法違反と判断しましたが，最高裁判所は高度に政治的な問題であることを理由に判断を回避し，「消極司法」だと批判されました。

●4●
基本的人権

❖歴史

基本的人権 (fundamental human rights) とは，「人間が人として当然もっている，基本的・絶対的な権利」のことです。憲法97条は，「この憲法が日本国民に保障する基本的人権は，人類の多年にわたる自由獲得の努力の成果であって，これらの権利は，過去幾多の試練に堪へ，現在及び将来の国民に対し，侵すことのできない永久の権利として信託されたものである」としています。人権獲得の歴史は，無数の名も知れぬ人々の犠牲の上に築かれています。今日においても世界各地の紛争・貧困が，人権観念の普及の困難さを示しているように思えます。

人権の思想は，ヨーロッパにおいて発達しました。かいつまんで歴史を見ましょう。

ヨーロッパの人権の歴史
①1215 年のマグナ・カルタ（Magna Carta）
②1628 年の権利請願（Petition of Right）
③1642 年のピューリタン革命（Puritan Revolution）
④1689 年の権利章典（Bill of Rights），など

しかし，これらで宣言された権利は，イギリス国民の権利（rights of Englishmen）にすぎませんでした。ロックの自然権思想やルソーの社会契約論の洗礼を受けて，普遍的な人権の思想へと進化していきます。

アメリカの歴史を見ましょう。

アメリカの人権の歴史
①1776 年の独立宣言（Declaration of Independence）
②1788 年のアメリカ合衆国憲法（Constitution of the United States）
――統治機構のみ規定
③1791 年の権利章典（Bill of Rights）
――修正条項とも言う。人権に関する規定もある

そしてフランスでは，ルソーの一般意思（利己心を捨てた一体としての人民の意思）やモンテスキュー（1689-1755 年）の権力分立の概念にも後押しされて，1789 年の人権宣言が出されました。こうして，国民権から人権へという流れが進んでいきました。

次に，近代的な自由主義的国家観から，現代的な社会的国家観へと，人権の内容も変化していきました。自由主義的国家観とは，国家からの自由を重視し，国家はできるだけ介入を控えるべき，とする消極国家観のことです。

しかし，資本主義体制下で生まれた多くの社会的・経済的弱者の人権を保護するため，国家が積極的に介入すべきだとする積極国家観が生まれてきました。たとえばドイツの1919年のワイマール憲法にその考え方が見られます。

また，法律による保障から憲法による保障への流れもあります。これは，ドイツの形式的法治主義の失敗（ヒトラーは合法的に首相に就きました）の反省に立ったもので，法律レベルではなく憲法レベルで人権を保障させようという考え方です。

最後に，国内的保障から国際的保障への流れがあります。1945年の国際連合憲章（United Nations Charter），1948年の世界人権宣言，1966年の国際人権規約などです。

❖人権の観念

人権の観念には三つの特徴があります。

人権の特徴
①固有性
②不可侵性
③普遍性

人権は，人間が人として当然に持つ（＝①固有性），公権力によって侵されない（＝②不可侵性）権利です。そして，人種・性別・身分・職業・国籍に無関係に共有（＝③普遍性）されます。

❖人権の種類

人権は次のように分類できます。

人権の分類
①自由権―国家権力からの自由
②社会権―人間に値する生活の保障要求権
③受益権―国務請求権
④参政権―国政への参加の権利
⑤包括的基本権―13 条の幸福追求権，法の下の平等―14 条

❖人権の享有主体

11 条は「国民は，すべての基本的人権の享有を妨げられない」と規定しています。加えて，「日本国民たる要件は，法律でこれを定める」とあります（10 条）。人権を認められるかどうかが問題になるのはたとえば次のような場合です。

①未成年―日本人なので当然基本的人権をもっていますが，制限（例えば，選挙権，結婚できる年齢）があります。
②法人―社会を構成する重要な要素なので，一定の制約は受けますが，可能な限り認められます。
③外国人―憲法第 3 章は「国民の権利及び義務」ですが，日本国籍をもたない外国人には人権保障は及ばないのでしょうか。通説では，国際協調主義（前文・98 条 2 項）の精神に合うから外国人にも人権保障は及ぶ，としています。

❖特別関係理論

特別関係理論とは，「特別の原因によって公権力との間に特別な法律関係が成立した場合には，基本的人権が制限される」とする考え方です。ポイントは，①法律の根拠がなくても人権を制限できる，②裁判所の司法審査を受けない，です。しかしどの人権がどの理由でどれくらいの制限を受けるかは具体的に検討されることが重要です。

制限される対象は公務員と受刑者です。国家公務員は国家公務員法 102 条で政治的行為に制限が加えられます。政党から寄付金を受け取ることや，政治団体の役員になることなどです。労働基本権にも制限があります。たとえば，一般の国家・地方公務員には団結権しか認められません。受刑者は当然人権の制限を受けます。裁判所は判例で，監獄内の秩序が維持できなくなるほどの相当の蓋然性が予見される場合に限り制限できると判断しました。

❖基本的人権の限界

日本国憲法は，基本的人権を「**公共の福祉**」(public welfare) によって制約することができる，と定めました (12 条，13 条，22 条，29 条 2 項)。人権は，他人の人権との関係によって制約を受けることがあります。この制約＝公共の福祉にはいくつかの考え方があります。

人権の制限に関する考え方
①一元的内在制約説
②比較衡量説
③二重の基準論

①は，公共の福祉とは人権同士の矛盾・衝突を調整する実質的公平の原理であるとします。すべての人権に内在し，必要限度・最小限度の制限を加えるためにある，とします。②は，人権を制限することによってもたらされる利益と，人権を制限しない場合に維持される利益とを比べて，前者の価値が高いと判断される場合には人権を制限することができる，と捉えます。③は，double standard ともいい，人権の中でも精神的自由は経済的自由に比べて優越的な地位を占めるもので，その制限については厳しいチェックが必要であると考えます。

●5●
包括的基本権

❖幸福追求権

この章の後で学ぶ各人権規定の保障が及ばない「新しい人権」を包括的に**幸福追求権**として捉えたのが憲法13条です。「新しい人権」としては，環境権，日照権，静穏《せいおん》権，眺望権，嫌煙権，情報権等が認められています。

13条から新しい人権を導き出す理由を考えてみましょう。①社会の状況が変化して，憲法に具体的な規定のない新しい形の人権侵害が生じたためと，②基本的人権の趣旨がそもそも，個人の尊厳の全面的な保障にあるためです。

個人の尊重に基づく幸福追求権は，新しい人権の根拠となる包括的な権利です。幸福追求権によって基礎付けられる個々の権利は，裁判上の救済を受けることができる具体的権利です。

しかし，個人の欲望をいちいち人権として保障していたら，人権の内容が過度に希薄化するおそれはあります。ですから新しい人権は個人の人格的生存に不可欠なものに限定されます。

プライバシーの権利もその一つです。かつては，プライバシーの権利とは私生活をみだりに公開されない権利でした。しかし，個人に関する情報が行政機関によって集中的に管理される現代社会では，個人が自分に関する情報を自らコントロールし，自分の情報についての閲読・訂正・抹消請求を求めることが必要です。ゆえにプライバシーの権利とは，自分に関する情報をコントロールする権利だと理解されるようになりました。

❖法の下の平等

自由と平等の思想は歴史上究極的な目標とされてきました。**法の下の平等** (equality under the law) も，この平等理念の一つで，憲法14条に規定されています。

平等とは一体何の平等なのでしょうか？　通説では絶対的な平等ではなく，相対的な平等を意味しているとされます。相対的な平等とは，同じ事情や条件のもとでは平等に扱う，ということです。たとえば，産前産後の休暇で労働時間について女性を優遇しているのがこれにあたります。

積極的差別是正措置 (affirmative action) という考え方があります。これはアメリカで発展してきた概念で，歴史的に差別を受けてきた黒人や女性などのマイノリティーに対して優先的に機会を与えようとする措置のことです。しかし多数派の人たちは逆差別を受けることになってしまい，いかにバランスをとるかが課題です。

●6●
精神的自由権

❖思想・良心の自由

19 条は**思想・良心の自由**を定めています。心の中では何を考えてもいいことを保障します。かつては権力が思想統制という形で国民の内心までコントロールしようとする時代がありました。明治憲法下ではいわゆる思想警察＝特高《とっこう》が，最悪の法律と言われた治安維持法を名目に体制に批判的な国民の内心を圧迫することがありました。国家が人の心に介入したら民主主義とは言えなくなります。19 条は民主主義を育てる栄養のようなものかもしれません。

また，「良心」には道徳的な含みがあるとする意見がありますが，通説は「思想」と「良心」のそれぞれの意味はほとんど同じだと考えます。

❖信教の自由

20 条は**信教の自由**を定めています。その内容は三つあります。

①信仰の自由
②宗教的行為の自由
③宗教的結社の自由

このうち①信仰の自由はさらに三つの要素からなります。

信仰の自由の三つの要素
①宗教を信仰する自由
②宗教を信仰しない自由
③特定の宗教を選択したり変更したりする自由

なお「**政《せい》教《きょう》分《ぶん》離《り》の原則**」とは，国家はあらゆる宗教から中立の立場でなければならない，とする考え方です。明治憲法下，国家神道という言葉が象徴するように政治と神道は密接な関係にあったため，他の宗教への弾圧は目を覆うばかりでした。この反省に立ち，国家は宗教上の組織に資金協力することはできないとされています（89条）。

❖学問の自由

23条は学問の自由を規定しています。学問の自由の内容は三つあります。

学問の自由の内容
①研究の自由
②研究成果の発表の自由
③教授の自由

明治憲法下，京大滝川事件や天皇機関説事件など，学問の対象を国家体制に向けていた学者が弾圧を受けることがありました。現憲法ではこの点を反省し，学問とはそもそも批判的意識から発展していくものだという前提に立ち，国家権力からの絶対的保護を約束しました。

❖表現の自由

21条は表現の自由を保障しています。「表現」とは誰かが誰かにある事を伝えることです。特に，国民が政府との間で情報をやり取りする自由を保障している点で，民主主義体制で最も大切な精神的自由権であるとも言えます。また，学問の自由や信教の自由とも関連があり，この点からも精神的自由の土台であるとも言えます。

表現の自由は，情報を送る側のみならず受ける側の権利も保護しています。ここから，「知る権利」，メディアへの「アクセス権」が生まれました。これは，マスメディアの発達とインターネットに代表される情報化の後押しの結果としてもたらされた，国民の情報に対する意識の向上を背景としていると思われます。

次に，表現の自由の内容とその制約についてみてみましょう。憲法は，他人をむやみに傷つけるような表現の自由は制約します。

①報道の自由

報道の自由の「報道」とはあくまで事実を伝えるものです。また国家機密などの報道は国政にとって修復不可能なほどの損害を与えるおそれがあるので制約があります。

②性表現の自由

性表現の自由で問題になるのは，芸術性とわいせつ性の線引きをどこでするか，ということです。

③名誉毀損と表現の自由

表現の自由と言っても，他人の社会的な評価を下げると「名誉毀損」の罪に問われることがあります。どこまでが名誉毀損にならないか，という点で，表現の自由とぶつかり合います。

表現の自由は民主主義の根幹に関わるので裁判所による厳格なチェックを受けるべきだと言われています。

ここで，表現の自由の規制に関する理論を四つ紹介します。

表現の自由の規制に関する理論
①事前抑制の理論
②明確性の理論
③「明白かつ現在の危険」の理論
④「より制限的でない他の選び得る手段」の理論

①は，思想内容が外部に表現される前に，行政権が主体となってあらかじめ審査をすることは許されない，とする考え方です。ここでは，文部省の教科書検定が21条2項で禁じられている「検閲」にあたるのではないか，という問題があります。

②は，精神的自由権の柱である表現の自由への規制は内容がはっきりしていなければならない，という理論です。何が規制されるのかがあいまいだと，表現する方も困ってしまいます。明確性の程度は「一般人の理解できる程度」と最高裁判所は言っています。

③は，アメリカで発展してきた理論で，以下の条件が認められればその表現を規制してもいい，と考えます。

「明白かつ現在の危険」の基準
①近い将来実質的な害悪を起こす可能性が明らかであり，
②その害悪が重大で，
③それを規制する手段が害悪を避けるのに必要不可欠であること

④は，規制をすることは仕方がないとしてもぎりぎり最小限の規制手段でなければ憲法に違反する，という基準を示した考え方です。LRAの基準（less restrictive alternative）ともいいます。

❖集会・結社の自由

21条1項に出てくる**集会・結社の自由**について見てみましょう。

「集会」とは，大勢が一定の場所に一時的に集まる集合体をいいます。「結社」とは，大勢が共同の目的で継続的に集まる精神的結合体を意味します。

公道での集会は事前に公共団体の許可が必要になっています。しかしその許可基準が明確に定まっていないことが指摘されています。

結社の自由の対象は政治・宗教・芸術など広範囲に及びます。内容は団体結成の自由，団体加入の自由，団体脱退の自由，公権力から介入を受けないことです。

❖言論・出版の自由

21条1項は**言論・出版の自由**も保障しています。具体的に挙げると，口頭による表現行為・印刷物・絵画・映画・写真・テレビ・演劇などによる手段です。表現の自由の手段を保障しているとも言えます。

政治は国民の多様な意思をできるだけ反映させることが望まれます。しかしそれらが必ずしも反映されないときもあります。そういうときに国民は言論の自由を行使して，政府や国会にモノ申すことができます。言論の活発さは民主主義にとっては欠かすことができません。

❖検閲の禁止・通信の秘密の保障

検閲の禁止・通信の秘密の保障は21条2項に書かれています。言論・出版の自由が認められる以上，検閲の禁止は，当然求められます。しかし，実際には最近でも週刊誌が発行差し止めを受けるなどの事例が起こっています。また警察がその捜査のため，電話を盗聴することは許されるか，などという問題も指摘されています。

●7●
経済的自由権

経済的自由は，精神的自由に比べると社会的に拘束され，より広く強い規制を受けます。

経済的自由権
①職業選択の自由
②居住・移転の自由
③財産権の保障

❖職業選択の自由

職業選択の自由（22条）とは，自己が従事する職業を決定する自由を意味します。また，この自由は経済的自由にとどまらず個人の人格価値とも結びつきます。なぜなら，働くという行為は自己実現の行為ともいえるからです。

営業の自由も職業選択の自由に含まれるか，という問題があります。通説では含まれるとされています。理由は，職業選択の自由だけではなく，自ら選択した職業を実際に行う自由まで認められなければ，職業選択の自由を保障した意味がないからです。

職業選択の自由に対する規制は，次のようなものがあります。

職業選択の自由の制限の例
①届出制　　理容業
②許可制　　風俗営業
③資格制　　弁護士，医師
④特許制　　電気，ガス，水道などの公共事業
⑤国家独占　　旧郵便事業

❖居住・移転の自由

居住・移転の自由は（22条1項），過去の歴史を振り返ると理解しやすいです。

封建体制下では人口の圧倒的多数を占める農民が一生同じ土地に縛り付

けられました。資本主義体制下では職業選択の自由や居住・移転の自由があってこそ，市場の活性化や労働力の確保が見込めます。ゆえにこれらの自由は，資本主義社会の発展に不可欠のものです。

海外渡航の自由，国籍離脱の自由も同条2項で保障されています。

❖財産権

財産権（29条）の保障の目的は，①私有財産制の保障②具体的な財産上の権利の保障です。

29条1項は，私有財産制と個人が持つ財産権の不可侵を保障したものです。同条2項は，法律による個人の財産権の制限を明記しています。同条3項は，私有財産を公共のために用いる場合には，正当な補償をしなければならない，と規定します。正当な補償の意味については，①完全補償説（全額を補償），②相当補償説（市場価格を下回ってもよい），③完全補償原則説（完全補償を原則とするが相当補償も選択肢に残しておく）があります。

●8●

人身（身体）の自由

❖奴隷的拘束・苦役からの自由（18条）

「**奴隷的拘束**」とは個人の自由な精神が封じ込められるほどに自由が拘束されている状態をいいます。「その意に反する苦役」とは本人の意思に反して強制される労働を指します。なお，公共の福祉の制限を受けます。例えば，災害対策基本法が執行されると不服でも協力しなければいけません。

❖適正手続の保障（31条）

戦前には官憲が令状なしで国民を連行することもありました。新憲法は，この点を反省し31条以下で詳細な人身の自由（人権の保障）を定めています。**法の適正手続**（due process of law）**の保障**はアメリカから継受された概念です。その内容は，①法定手続が適正でなければならない，②刑罰を科す根拠は法律で定めなければならない，③刑罰の根拠規定は適正でなければならない，というものです。

❖不当な逮捕からの自由(33条)

犯罪による逮捕には，裁判官が出す令状が必要であるとしました（令状主義)。その趣旨は恣意《しい》的な人身の自由の侵害を防止することにあります。

また，令状主義の例外として，現行犯逮捕があります。

❖不当な抑留・拘禁からの自由(34条)

抑留《よくりゅう》（arrest）とは一時的な身体の拘束で，拘禁《こうきん》（detention）とは継続的な身体の拘束です。

❖住居などの不可侵(35条)

プライバシー保護の観点から，捜査や押収は裁判官の令状がなければできません。

❖公平な裁判所の迅速な裁判を受ける権利(32条・37条・82条)

①公平な裁判所とは裁判官の構成が偏っていないこと，②迅速な裁判，③公開裁判は密室裁判・秘密裁判の排除，を意味しています。

❖自白を強要されない自由(38条)

その趣旨は，黙秘権の保障と冤罪《えんざい》の防止です。冤罪とは，無実の罪に問われることです。

❖事後法の禁止・二重の危険の禁止(39条)

事後法の禁止とは，ある行為をした時に適法であった行為は刑罰上適法とみなすことです。ですから，さかのぼって違法とすることはできません。また二重の危険（double jeopardy）の禁止とは，同一の犯罪について重ねて刑事責任を問われることはない，という考え方です。

❖拷問・残虐な刑罰の禁止(36条)

歴史的に被疑者や被告人を取り調べる際，拷問が自白を得る手段として行われていました。新憲法では拷問・残虐な刑罰は絶対に禁止することとしました。刑事手続において，不必要な苦痛を科すべきではないという，適正手続（due process）の要請を象徴的に表現したものともいえます。

●9●
国務請求権・参政権

国務請求権ないし受益権は，国民が国家に対しさまざまな利益を請求する権利です。

❖請願権(16条)

請願権は，歴史的には国王に対して自己の権利の確保を求める権利でした。現代では，議会政治が発達したおかげで請願権はあまり意味がなくなりました。ですが，国民の意思表明としての「参政権」的な役割を保ち続けています。

❖裁判を受ける権利(32条)

すべての人は裁判所に権利・自由の救済を求めることができ，同時に裁判所は裁判を拒否できません。裁判を受ける権利は，①刑事事件においては被告人が公正な裁判を受ける権利で，②民事・行政事件では，各人が裁判所に訴えを起こす権利です。

❖国家賠償・刑事補償請求権(17条・40条)

薬害や学校教員の体罰事件など，国家権力による違法行為で個人が損害をこうむった場合に，国家賠償請求をすることができます（17条）。また，不当な拘束を受け，冤罪が証明された場合に，国民に対し補償請求を認めています（40条）。特徴として，国家の違法行為や故意・過失のあるなしにかかわりなく，無罪という結果に対して補償請求を認めています。

●10●
社会権

社会権とは，20世紀になって，社会国家（福祉国家）理念に基づき，特に社会的・経済的弱者を保護し，実質的平等を実現するために保障された人権です。また，国家に対して，特定の行為を求める権利（請求権的性格）でもあります。

憲法上の三大義務というものがあります。明治憲法下では，兵役・納税・教育が臣民の三大義務とされていました。これに対し，現行憲法では，**教育・勤労・納税**が国民の三大義務とされています。

❖生存権（25条）

25条の1項は生存権保障の目的を，2項はその達成のための国の責務を定めています。生存権は，社会権の総則的なものと言えます。

❖教育を受ける権利（26条）

個人は教育によって人格を形成していき，社会に貢献（自己実現）していきます。26条は子供の学習権を定めています。そして，子供に教育を受けさせる義務を負う人がいます。誰にその義務があるのかについては，①国家にある，②親と教師を中心とする国民全体にある，など争いがあります。

❖勤労の権利（27条）

国民が自分の生活を維持できるようにするために，適切な労働環境の整備を憲法は国家に義務づけました。

児童の酷使の禁止（27条3項）は，子供たちが重要な労働力として学校にも行かせてもらえず酷使されてきたという歴史的な事実の反省から生まれました。

❖労働基本権（28条）

使用者に対して労働者はどうしても立場が弱いものです。そのために憲法は労働基本権（労働三権）を定めました。

①団結権（労働組合をつくる権利）
②団体交渉権（労働組合が使用者と交渉する権利）
③団体行動権（争議権ともいう。スト権）

●11●
統治機構総論

❖基本的人権と国家権力

「立法・行政・司法の三権すべてを手中に収めたら，それは暴政そのものの定義と言えるだろう」。ジェームス・マディソンはそう断言しています（*The Federalist* No.47）。20世紀のアフリカや中南米などでは一人の実力者が権力を行使する独裁政治も見られました。そこでは人権活動家や知識人は「反体制」のらく印を押され，投獄・拷問・拉致・殺害が平然と行われていました。

日本国憲法は，「基本的人権は…侵すことのできない永久の権利」だと宣言しています（97条）。しかし国家の権力行使に対して制限を設けておかなければ，私たちの権利の保障は不安定になるでしょう。あくまでも人権保障を目的として国家権力を定義すること，これが憲法の統治機構編の果たす役割です。そして憲法を行使するのはもちろん，国民です。

❖権力分立制と議院内閣制と違憲審査制

権力分立（separation of powers）とは，国民の自由を守るために，国家権力の一極集中を避けて**立法・行政・司法**に分離させ，相互にけん制させる制度です（抑制と均衡 checks and balances）。

権力分立制のしくみ

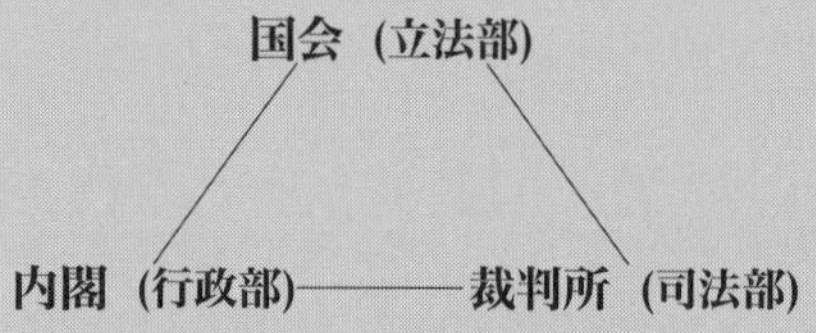

三権を分離した上でどのような関係に置くかは各国の事情によって異なります。日本では，立法権をもつ議会（国会）と行政権をもつ政府（内閣）とを分けた上で，政府は議会に対して責任を負うという議院内閣制を採用

しています。そして議会は内閣不信任決議権を，内閣は衆議院の解散権を持ち，バランスを保っています。裁判所（司法権）は相対的に力が弱いのですが，**違憲審査制**（81条，**違憲立法審査権**とも言う）をちらつかせて，立法や行政の動きが憲法に反していないかをチェックしています。

違憲審査制は非常に大切な制度です。もし裁判所にこの制度がなければ，国会や内閣は国民の自由を制限する法律をいくらでもつくることが理論上可能になります。また，81条の文言には最高裁判所が違憲審査権をもつとされていますが，判例では下級裁判所も同様に違憲審査権をもつと判断されました。

以下，それぞれの機構を見ていきましょう。

●12●
統治機構その1・国会

❖国会の地位

国民はどのようにして政治に参加することができるのでしょうか。憲法は国民に選挙で選ばれた代表者（国会議員）を通じて間接的な政治参加を許しています（前文1項）。これを**代表民主制**（representative democracy）といいます。

国会は三つの地位をもっています。

国会の地位
①国民の代表機関（43条1項）
②国権の最高機関（41条）
③唯一の立法機関（41条）

①は国民が主役であること（国民主権）を，②は立法・行政・司法の三権の中での立法権優位を，③は国会が排他的に立法権を持つことを意味しています。①の正当性を根拠として②③があるわけです。

❖二院制

現行憲法では**国会が衆議院と参議院で構成される二院制**を採用しています。一院制を採用する国もありますが，一院制だと国民を抑圧する法律を国会が議決する（立法権の専制の）可能性はぬぐいきれません。そこで二つの議院に相互に「抑制と均衡」の原理を働かせて，片方の独走に歯止めをかけさせていると言えるでしょう。

❖選挙制度

小選挙区制と大選挙区制と比例代表制を取り上げます。

小選挙区制とは一つの狭い選挙区から一人を選ぶ制度です。二大政党制に結びつきやすく政治の安定を望めるのが長所ですが，死票（落選者に投じられた票）が増えて国民の多様な意見を反映しにくいという欠点があります。

大選挙区制とは一つの広い選挙区から二人以上を選ぶ制度です。死票が少ないのが長所です。一方，複数の同一政党所属の候補者が出馬すると政策の違いが明確にならないという欠点があります。

比例代表制とは有権者の支持票の数に比例して議員を選ぶ制度です。国民の意思を反映しやすいのが長所ですが，小政党が乱立し政局が乱れてしまうという短所があります。

❖国会の会期

国会が活動できるのは一定の期間だけです。この期間を**会期**と言い，次の三つがあります。

①毎年一回定期に召集される常会（52条）
②臨時に召集される臨時会
③衆議院が解散され総選挙が行われた後に召集される特別会（国会法1条）

❖両院協議会(59条2項)

両院協議会とは，予算の議決 (60条2項)，条約の締結・承認 (61条・60条2項)，内閣総理大臣の指名 (67条2項) について衆議院と参議院が異なる議決をした場合，両者の妥協を図るために設置される協議機関のことです。

❖国会の権能・議院の権能

まず「権能《けんのう》」とは，権利を主張・行使することができる能力です。権限のことだと思って下さい。

さて，国会の権能を列挙します。

国会の権能

①憲法改正の発議《はつぎ》権 (96条)

②法律の議決権 (59条)

③条約の承認権 (61条・73条3号但書)

④内閣総理大臣の指名権 (67条)

⑤弾劾《だんがい》裁判所の設置権 (64条)

⑥財政監督権 (83条)

③条約承認権 (73条3号但書) はとても大切な権能です。外国と良好な関係を維持・発展させていくことは，貿易や安全保障を通して，国民の生活に影響を及ぼす国家の重要事項です。憲法も平和主義 (前文) と国際協調主義 (98条2項) を宣言しています。したがって，国会は，国民の利益を十分に検討しながら，政府の外交政策を厳しくチェックしなければいけません。

次に，議院の権能を列挙します。

議院の権能

①国政調査権（62条）

②議院規則制定権（58条2項）

③議員懲罰《ちょうばつ》権（58条2項）

④議員の資格争訟《そうしょう》の裁判権（55条）

⑤議員逮捕の許諾《きょだく》・釈放の要求（50条）

⑥役員の選任権（58条1項）

⑦国務大臣の出席要求（63条）

重要な項目を少し説明します。

①の国政調査権とは，国権の最高機関である国会の各議院が，国の政治を監督するために必要な調査を行う権限です。

②の議院規則制定権とは，各議院が自立的に運営する権能です。

●13●
統治機構その2・内閣

❖行政権とは

立法・行政・司法の三権のうちで国民の生活に直接関わるのは行政です。戦後，国民のニーズに迅速に応えることが求められ国政の中心的な役割を担うようになりました。この行政の肥大化を行政国家現象といいます。

行政権は**内閣**に属します（65条）。また，すべての国家作用から立法権と司法権を差し引いた残りのすべてが行政権である，とされています。

アメリカ的な権力分立制（大統領制，Presidential System）では行政権は立法，司法から完全に独立しています。一方，議院内閣制の日本の行政権は，国会によって制約が加えられています。

❖内閣の組織

内閣は，内閣総理大臣と国務大臣で組織する合議体《ごうぎたい》（複数の人が議論・意思決定する組織）です。

内閣のメンバーには二つの条件があります。

内閣の構成員の条件
①文民《ぶんみん》であること (66条2頁)
②国務大臣の過半数は国会議員の中から選ぶこと (68条)

①の趣旨は，先の戦争を反省し，シビリアン・コントロール (civilian control)，つまり軍部・軍人の政治介入を防ぐことにあります。ここで，憲法上軍隊は存在しないはずだというもっともな意見もありますが，自衛官は文民に該当しないという学説が一般的に受け入れられています。

❖内閣総理大臣

内閣総理大臣は国会議員の中から国会の議決で指名し，天皇が任命します (67条，6条)。

内閣総理大臣の権能は以下のとおりです。

①国務大臣の任命・罷免《ひめん》権 (68条)
②内閣を代表して議案を国会に提出する (72条)
③一般国務・外交関係について国会に報告する (72条)
④行政各部を指揮監督する (72条)
⑤閣議《かくぎ》を主宰《しゅさい》する (内閣法4条)
⑥法律・政令に連署する (74条)
⑦国務大臣の訴追に同意を与える (75条)

中でも，①は内閣総理大臣の国務大臣に対する優位性を示しています。内閣は一体であること，内閣の責任が総理大臣にあること，内閣の国会に対する連帯責任を徹底しているのです。

❖内閣の権能

内閣の権能はとても多いので，ここでは特に重要な外交関係について見ておきます。

外交関係では，外国と条約を結ぶ（73条3号）権能があります。ここで条約締結の流れについて確認してみましょう。①事前もしくは事後に国会が承認し，②内閣が任命する全権委員が調印し，③内閣が批准《ひじゅん》し，④天皇が批准を認証し，④天皇が条約を公布する，これが条約締結のプロセスです。①については，説明しました。なお「批准」とは国家として条約を締結するという意思を最終的に確認する行為です。

❖内閣の総辞職

内閣はいつでも総辞職することができます。しかし，強制的に辞めさせられる四つの場合が定められています。

内閣が総辞職しなければならない四つの場合

①衆議院が内閣不信任決議を可決して，10日以内に衆議院が解散されない場合（69条）

②衆議院が信任決議を否決して，10日以内に衆議院が解散されない場合（69条）

③衆議院議員総選挙後に初めて国会が召集されたとき（70条）

④内閣総理大臣が欠けた場合（70条）

上記の①と②は衆議院が内閣を信任しない場合です。③は選挙で国会のメンバーが変わってしまったら信任の根拠がなくなってしまうからです。④は内閣総理大臣が死亡したり辞職したりしたときです。

❖議院内閣制

議院内閣制の特徴として①議会と内閣は緩《ゆる》やかに分離している，②内閣の議会に対する連帯責任，③内閣のメンバーは普通は議員の中から選ばれる，の3点があります。

理解を深めるためにアメリカの大統領制との比較をしてみましょう。大統領制では①まず議会との関係は厳格に分離されています。②また議会による不信任制度などはなく，従って解散もありません。③政府のメンバーは国会議員の職を兼ねることはできません。④議院内閣制では総理大臣は議会から選ばれる間接民主制度であるのに対し，大統領は国民から直接選挙される直接民主制度です。⑤内閣には法律の発議権があるのに対し，大統領には法案提出権はありません。しかし，議会の法案を握りつぶす大統領拒否権があります。

最後に，衆議院の解散について少し説明します。ここで議論になるのは衆議院の解散権を誰がもつのか，ということです。天皇の国事行為の一つ(7条3号) と見る向きもあります。しかし，天皇の国事行為には内閣の助言と承認という形で制限が加えられている以上，解散権は内閣にあると考えるのが妥当に思われます。

●14●
統治機構その3・裁判所

❖司法権の定義・限界

三権分立の中で，裁判所は司法権をもちます。司法権を，行政権・立法権と明確に区別しているのが76条1項です。

司法権とは，具体的な争訟《そうしょう》 (訴えによる争いごと) について，法を適用し宣言することによって，その紛争を裁定する国家作用である，と定義できます。司法権を構成するものは以下のとおりです。

①具体的な紛争を処理する (当事者間にもめごとがある)
②適正な手続きの保障 (人による勝手な判断の排除)
③独立した裁判 (行政・立法サイドからの介入の否定)
④正しい法の適用の保障 (民主主義)

特別裁判所の設置と行政機関による終審裁判は禁止されます (76条2項)。明治憲法下では軍法会議など特別裁判所が横並びにいくつも並んでいましたが，現行憲法では最高裁判所を頂点とするピラミッド型の組織に統一されました。

一方，司法権には限界もあります。

裁判所以外で裁判をする場合
①議員の資格争訟の裁判（55 条，国会の自律権への配慮）
②裁判官の弾劾裁判（64 条）

②は両院の議員による裁判官を辞めさせるための裁判のことで，国会で行われます。

司法権の範囲の解釈上から見た限界としては，

裁判所が判断できないもの
①法の適用によって終局的に解決することができないもの（宗教上の教義など）
②議院の自律権に属する行為
③国会や行政機関の自由裁量行為（議員定数配分の可否など）
④統《とう》治《ち》行《こう》為《い》＝高度に政治性のある行為（衆議院解散の是非など）
⑤部分社会の法理にかかわるもの（大学の単位認定など）

④の統治行為は衆議院解散の是非など高度に政治性のある行為を言います。⑤は，たとえば，大学の単位認定の是非など自律的な団体の自治には司法は立ち入るのを控えるということです。

❖裁判官の独立

個々の裁判官は，行政・立法サイドの影響からの独立と他の裁判官（上司も含む）からの独立を保障されています（76 条 3 項）。自分の良心と憲法と法律に従って仕事に専念できるわけです。しかし，この「良心」の意味については注意が必要です。ポイントは，①個人の道徳信念ではない＝19 条の定める良心ではない，②日本の法体系を守る職業である裁判官としての客観的な良心である，ということです。

ここで日本史を勉強された方に思い出してみてほしい事件があります。明治 24 年に一巡査が来日中のロシア皇太子に重傷を負わせた，「大津事件」です。時の政府はロシアへの配慮から巡査を死刑にさせたいと考えて大審院（昔の最高裁）に圧力をかけましたが，大審院長の児島惟謙が抵抗した結果，被告人は無期懲役になり，司法権の独立が守られました。

さて，裁判官の独立を保障するものとして，二つあります。

裁判官の独立をささえるもの
①経済上の保障
②身分上の保障

①については，買収されるようなことなどがないよう，相当額の報酬が保障されているということです（79 条 6 項）。②は，裁判官が辞めさせられる原因を，国会の弾劾裁判（64 条，職務をさぼったなどの場合）と分限裁判（78 条，心の病などで仕事が続けられなくなったなどの場合）に限定することで守られます。ただし最高裁判所の裁判官は国民審査（79 条）を受けます。国民による裁判所への唯一の民主的コントロールです。

❖裁判所の組織

最高裁判所は，東京に設置される司法権の最高機関です。高等裁判所は全国に 8 か所置かれ，下級裁判所の中では上位の裁判所です。地方裁判所は，各都道府県に 1 か所ずつ設置されます。家庭裁判所は家庭の事件や少年事件などを扱います。簡易裁判所は少額事件などを扱います。

●15●
統治機構その 4・財政

❖財政国会中心主義

「**財政**」とは，国家がその仕事を行うために必要な財産を調達し，管理し，使うという作用です。

国家はその活動にばく大な金銭を必要とします。その金銭は国民が税金として負担するものです。国民から税金を徴収し，国家によって支出される，これらの手続きが適切でなければ国民は納得しないでしょう。財政は国民にとって非常に重要な問題です。

そこで憲法は財政の歳入から歳出に至るルールを国会のコントロール下に置きました。これが**財政国会中心主義**（83条）です。

歳入面を規定する条文は**租税法律主義**（84条）です。国家が国民に税金を課す場合には，国会でつくられた法律の定める条件によらなければならない，という考え方です。

❖公金支出の制限

89条は国家が一部の宗教団体や思想団体にお金を支出することを禁じています。

❖予算

予算とは，一会計年度における国の歳入・歳出を予定的に見積もることを内容とする，財政行為の準則《じゅんそく》（ルール）です。つまり，国がこの先1年間に予定する歳入・歳出の見積もりのことです。一会計年度とは4月1日から3月31日までです。

予算の決定プロセスは①内閣が作成し，②それを国会に提出し，③国会がそれを審議して議決すると，晴れて成立します（86条）。なお，予算の議決は衆議院が参議院より先に議決できる優先権が認められています。

❖決算・会計検査院

「決算」とは一会計年度の収入・支出の最終結果を示す，確定的な総計算です。決算を行うのは内閣から独立した会計検査院です。株式会社の監査役と似ています。

●16●
統治機構その5・地方自治

❖地方自治の意義

近代国家は中央集権的な政府に国民を統一的にコントロールさせて，国中の人たちに人権を保障しました。しかし，資本主義制度の発展はさまざまな弊害をも引き起こしました。中央集権体制と地方自治の関係においても，国家が一元的にサービスを提供するよりも，地方の実情に即したきめ細かな対応や住民自治が望まれることになりました。

地方自治の意義としては，①地方の実情が尊重される，②中央の権力を抑制する機能（権力分立），③「民主主義の学校」としての役割（国民主権），が挙げられます。

❖地方公共団体の機関

憲法では，地方公共団体には議会，首長（行政のトップ）を設置し，その地方に住む住民のみが選挙権を持つ，と定められています。

地方自治体と中央政府の制度上の違いを説明しましょう。まず，中央政府では行政のトップは国会を通して間接的に選ばれるのに対し，地方自治体では首長制（大統領制，Presidential System）をとっており，住民は直接選挙で首長を選びます。同時に，首長を辞めさせたいとき住民には解職請求権（リコールとも呼ばれます）を行使することができます。これは議院内閣制とは大きく異なります。ただし，首長制を採用しているとはいっても議院内閣制を並存させており，間接民主制が原則です。

❖地方公共団体の権能

地方公共団体と国の間には仕事のすみ分けがあります。地方公共団体の仕事は，以下の二つになります。

①自治事務　地方公共団体が行う事務

②法《ほう》定《てい》受《じゅ》託《たく》事《じ》務《む》　法律によって地方公共団体に委任された業務。たとえば国政選挙，旅券の交付，国道の管理（94条）

なお地方公共団体ができない仕事は，外交に関する事務・司法・刑罰・郵便です。

最後に，住民投票について少し説明します。住民の過半数の同意がないと，その地方公共団体を拘束する法律を国会は制定することができません(95条)。これは，国による地方自治の侵害を防止するために設けられました（抑制と均衡という考えから)。

●17●
憲法保障

❖憲法保障とは

憲法は人権を守り，国家権力のいろいろな作用を規定する国の最高法規です。しかし，国家権力が憲法を都合のいいように変えようとする可能性は決して否定できません。そのような不穏な動きを予防するために憲法の最高法規性を保障させるしくみを憲法秩序に組み込むことを，**憲法《けんぽう》保障《ほしょう》**といいます。

憲法保障制度は二つあります。

憲法を守る制度
①憲法自体に規定されている憲法保障制度
②憲法に規定されない超憲法的なもの

一つ目の憲法保障制度は憲法内的《けんぽうないてき》保障とも呼ばれます。これは四つに分かれます。

憲法内的保障
①違憲立法審査権（81条，すでに勉強しました)
②憲法改正の手続（96条)
③憲法の最高法規性の宣言（98条)
④公務員の憲法尊重《そんちょう》擁護《ようご》義務《ぎむ》（99条)
⑤権力分立制の採用（41条,65条，76条)

このうちの②憲法改正の手続を詳しく見ましょう。

憲法改正とは，成文の憲法の内容について，憲法の定める手続に従って変更することです。改正のプロセスは次の通りです（96条）。

憲法改正の手続
①国会の発議（各議院の総議員の3分の2以上の賛成）
②国民投票（過半数の賛成）
③天皇の公布

という流れです。このように憲法の改正に法律よりも厳格な条件があるものを硬性《こうせい》憲法と呼びます。

❖超憲法的保障

さて前述の黒板にある憲法保障の二つ目は，憲法に規定されない超憲法的なもの，です。超憲法的《ちょうけんぽうてき》保障ともいいます。①抵抗権，②国家緊急権の二つがあります。

①の抵抗権とは政治権力が国民の人権を踏みにじるほどに立憲主義憲法を破壊した場合，国民が実力で抵抗する権利です。歴史的には，市民革命の時代に生まれたもので，自然法思想に基づいています。日本国憲法に明文化されてはいません。

②の国家緊急権とは戦争や自然災害が起き国家としての役割を果たせなくなった時に，国家が憲法を一時的に無視して，超憲法的な非常措置をとる権限のことです。

❖憲法の変遷《へんせん》

憲法の変遷とは憲法改正のプロセスを経ていないのに，実質的に憲法を改正したのと同じような効果が生じる現象です。既成事実が憲法の条文を有名無実化した状態です。この状態を「憲法規範が変わった」と単純に見てよいのかについては，意見が分かれています。

2時間目
はじめての六法・その2
民法

▶Civil Code

- 第1編　総則
- 第2編　物権
- 第3編　債権
- 第4編　親族
- 第5編　相続

❶ ▶ 民法総則

●0●
はじめに

民法とはどのような法律なのでしょうか。一般的には，わたしたちの日常生活に関する財産関係と家庭関係の一般原則を定める法とされます。

民法は，財産法《ざいさんほう》と家族法《かぞくほう》とから構成されています。財産法は物権法《ぶっけんほう》と債《さい》権法《けんほう》，そして家族法は親族法《しんぞくほう》と相続法《そうぞくほう》から成り立っています。

民法
- **総則（第1編）**
- **財産法**
  - **物権法（第2編）**
  - **債権法（第3編）**
- **家族法**
  - **親族法（第4編）**
  - **相続法（第5編）**

ではまず民法総則《みんぽうそうそく》から始めましょう。民法総則は物権法・債権法・親族法・相続法すべてに関わる共通事項をまとめて民法典の最初に置いたものです。この民法の一般原則を冒頭に置く方式を，パンデクテン方式(Pandekten system) と呼びます。

まず初めに，重要な民法の基本原則を確認しておきます。

①個人の平等原則――誰でも権利の主体になれる。
②所有権絶対の原則――自分のものは自由にできる。
③私的自治の原則――どのような契約をするかは，個人の自由である。
④過失責任の原則――自分に故意または過失があるときにだけ責任を問われる。

③私的自治の原則をあまりにも徹底すると，いわゆる「勝ち組」だけがどんどん潤っていきかねません。歴史的にも，財閥による市場の独占，公害問題，貧富の差の拡大などがこのことを証明しています。このため民法は，1条で権利の行使に制限を加えています。

民法1条の内容

①公共の福祉 (1項)——個人の権利の行使は，社会全体の利益と調和していなくてはならない。

②信義則《しんぎそく》 (2項)——権利の行使と義務の履行は，「信義に従い誠実に」しなくてはならない。

③権利濫用の禁止 (3項)——権利は必要もないのにやたらと行使してはならない。

●1●
権利の主体

民法は，権利や義務を行使する主体 (subject) について定めています。主体となる「人」は「自然人」と「法人」とに分けられています。このうち，まずは自然人についてみていきます。

●2●
自然人(natural person)

自然人は三つの能力の有無で区別されます。

①権利能力《けんりのうりょく》——私法上の権利義務の主体となる資格

②意思能力《いしのうりょく》——自分の行為の性質を判断することができる精神能力

③行為能力《こういのうりょく》——単独で確定的に有効な意思表示をすることができる能力

すべての自然人は母体から全部露出した瞬間に私権 (①の権利能力) を

享有します（民法3条）。従って，お母さんのお腹の中にいるときは自然人とはみなされません。私権の終わりは本人が死亡した時です。

②の意思能力がない者には，10歳未満の幼児や泥酔者などがあたります。意思能力がない者の意思表示は無効とされます（3条の2）。

③の行為能力がない者を制限行為能力者《せいげんこういのうりょくしゃ》と呼び，さらに次の4種類に分類されます。

制限行為能力者

①未成年者——18歳未満の者※（5条〜）
②成年被後見人《せいねんひこうけんにん》——物事を判断する能力を欠く者（7条〜）
③被保佐人《ひほさにん》——物事を判断する能力が著しく不十分な者（11条〜）
④被補助人《ひほじょにん》——物事を判断する能力が不十分な者（15条〜）

※2022年4月1日から18歳未満の者が未成年者となりました。

家庭裁判所は，②③④にあたる者について審判を行い，その結果必要だと判断すると保護者をつけて監督義務を負わせます。その趣旨は，制限行為能力者の財産保護にあります。

ところで人は通常，住所を持っています。もし，住所が定まっていないと，契約などの法律行為を円滑にすることができません。住所とは各人の生活の中心地をいいます（22条）。住所が不明の場合は，その人が現実にいるところ（居所《きょしょ》）を住所とします（23条）。

もしも住所や居所からその人がいなくなってしまったら，不在者となります（25条〜29条）。これに対して，生死不明の者を「死んだ者」とみなす制度が失踪《しっそう》宣告です（30条）。残された家族のために財産処理や相続の手続きを進めさせるためにこうした制度が設けられています。

●3●
法人(legal person)

法人とは，自然人以外で，法律上自然人と同じように権利・義務の主体となる資格をもつものです。自然人と同様に権利能力が与えられ，責任も負うことになります。

法人の種類にはいろいろあります。

①公益法人——文化，慈善など社会一般の利益に関する事業を目的とする法人。日本赤十字社など
②営利法人——お金儲けを目的とする法人。株式会社など
③非営利法人—公益法人でも営利法人でもないもの。労働組合など
④社団法人——ある目的のために集まった人の集団。
⑤財団法人——ある目的のために集まった財産の集団。社員はいない。

社団としての実体があるのに権利能力を持たない団体があります。これを**権利能力なき社団**と呼びます。大学のサークルや同窓会などです。

法人を設立するには，法律の規定に従わなければいけません（33条1項）。

法人は法令に従い，定款などの基本約款で定められた目的の範囲内でしか法律行為をすることができません（34条）。

剰余金の分配を目的としない社団・財団については，その行う事業が公益のためであるかどうかを問わず，登記をすることによって法人となることができます（一般社団法人及び一般財団法人に関する法律。なおかつて「中間法人」として扱われていた法人は，「一般社団法人」としての扱いを受けることになりました）。

また学術，技芸，慈善などの公益に関する事業を行う一般社団法人や一般財団法人は，行政庁の認定を受ければ，公益社団法人・公益財団法人となることができます（公益社団法人及び公益財団法人の認定等に関する法律）。

●4●
物

今までは権利の主体についてみてきました。今度は権利の客体である物《もの》について見ていきましょう。

民法は，物を「有体物《ゆうたいぶつ》」と定めています（85条）。有体物とは形のあるものを指します。ですから，民法の条文上は，物は固体・液体・気体を指すことになります。

物は，**不動産《ふどうさん》**と**動産《どうさん》**とに区別されます。

①不動産——土地とその定着物（86条1項）。具体的には土地と建物。
②動産——不動産以外のすべての物（同条2項）。商品券や乗車券などの無記名債権も動産とみなされる（同条3項）。

物はまた，**主物《しゅぶつ》**と**従物《じゅうぶつ》**とに区別できます。主物と従物とは，たとえば，刀とさや，家と畳《たたみ》のように主従の関係がみられ，同一人物が所有している物です。

最後に，**元物《げんぶつ》**と**果実《かじつ》**をみます。何らかの利益を産み出す物を元物といいます。元物が産む利益を果実といいます。

果実には2種類あります。

①天然果実《てんねんかじつ》――ある物から自然に産み出される物（88条1項）。農作物，牛の牛乳など。
②法定果実《ほうていかじつ》――ある物を使用させた対価として受け取る金銭など（同条2項）。家賃，利息など。

●5●
法律行為

私法上の権利を**私権《しけん》**と呼びます。**私法《しほう》**とは個人間の関係を規律する法律です。民法，商法がこれにあたります。ちなみに**公法《こうほう》**とは，国などの「公」と私人の関係を規律します。憲法，刑訴，民訴はこちらに入ります。私たちの身のまわりでは，債権や物権などの私権は絶えず変動しています。**私権が変動するとは，つまり権利義務が発生・変更・消滅すること**です。

たとえば，パソコンを買いに電気屋さんに行ったとします。店員さんにパソコンが欲しいと相談をしました。次に，薦められたパソコンを購入することを決めました。この行為を法律用語では，**意思表示《いしひょうじ》**と呼びます。

当然，レジカウンターで代金を払って目当てのパソコンを渡されます。お金を払わなければ泥棒になってしまいますね。私はお店に対して代金支払い義務があり，同時にお店は私に対して商品引渡し義務を負います。これらの義務を果たすという事実が**法律要件**です。

結局私はパソコンを手に入れました。この最終結果を**法律効果**といいます。当初の意思表示が実現したわけです。

上記のパソコンの例は**契約**の取り決めに従っています。法律行為とは例に挙げたうちの意思表示を主な内容とする行為です。黒板に法律行為とその他の用語の関係を書いておきます。

意思表示＜契約＜法律行為＜法律要件（事実）
⇒法律効果（私権の変動）

意思表示の形態によって，三つの法律行為の種類があります。

法律行為の種類

①契約――本人と相手方，両方の意思表示の合致が求められる法律行為。

②単独行為――本人の一方的な意思表示で足りる法律行為。取消し，遺言，寄附行為など。

③合同行為――複数当事者の一方的な意思表示で足りる法律行為。

●6●

公序良俗違反

原則的に契約などの法律行為は自由にすることができます。これは民法の基本原則，私的自治の原則でした。

しかし**公序良俗に反する内容の法律行為は無効とされます**（90条）。「公序」とは公共の秩序のことで，「良俗」とは社会の道徳観念です。例えば，18歳未満の女性と援助交際をすることは社会通念に照らして許されません。公序良俗は1条とともに民法の一般原則となる重要な条文です。一見して有効に思える法律行為が，公平の観点から許されないということもあるのです。

●7●

意思の不存在と瑕《か》疵《し》ある意思表示

本人（A）と相手方（B）が何らかの取引をしているとしましょう。法律関係を安定させるためには，大前提としてAB双方の言うことが真実でなければいけません。たとえば表示した意思が真意とは違うことを理由にAがBとの取引をなかったことにできるとしたら，Bは不安定な立場に立たされてしまうからです。

このように，意思表示は契約の有効性を左右する大切な要素です。

意思と表示が一致しないことを**意思の不存在**（または**意思の欠缺《けんけつ》**）といいます。民法は条文で**心裡留保《しんりりゅうほ》・虚偽表示《きょぎひょうじ》・錯誤《さくご》**の三つを定めました。

次に，意思と表示が一致していながらその意思を形成する過程に瑕疵《かし》(キズ) がみられる場合があります。**詐欺《さぎ》**や**強迫《きょうはく》**によってなされた場合で，**瑕疵ある意思表示**と呼びます。

●8●
心裡留保(mental reservation)

心裡留保《しんりりゅうほ》とは，自分の真意と異なる表示行為を行う意思表示です。

すなわち，本当は買う気がないのに，冗談で「このパソコンを買うよ」などという場合です。このような場合，責任の所在は本人にあり，本人の行為を保護する必要性はありません。よって，原則本人の意思表示は有効となります (93 条)。

ただし，相手方が本人が真意でないと知っていたり (悪意)，本人の真意をうっかりしていて気づけなかったとき (＝過失があるとき) は，本人の意思表示は無効となります (93 条ただし書)。悪意にしろ有過失にしろ，相手方を保護する必要がないからです。

なおここで，「善意」と「悪意」について黒板で確認しておきましょう。日常的に使われている意味合いとはかなり異なります。頻繁に出てきますので，法律用語として覚えておきましょう。

①善意――ある事実を知らないこと。たとえば相手の嘘を知らなくて取引をしたなど。

②悪意――ある事実を知っていること。例えば商品が偽物であることを知りながら第三者に売却したなど。

●9●
虚偽表示(fictitious declaration of will)

虚偽表示とは，本人が相手方と共謀してウソの意思表示をすることです。このような意思表示は無効とされます (94 条 1 項)。

たとえば脱税を続けていた A さんがお役所から A 所有の土地の差し押

さえを受けそうになったとします。そこで知り合いのBさんに本当は売り渡すつもりもないのに，仮装譲渡しました。このようなAもBも互いに真意でないことを知りながら行った法律行為は保護する必要がありません。ゆえに無効になります。

ただしこの例で，Bから土地を売ってもらった第三者のCさんがいたとしましょう。CがAB間の虚偽表示を知らなかった場合，つまりCが善意のとき，AはCに法律行為の無効を主張できません（94条2項）。Cは法律上問題なくその土地を取得できます。

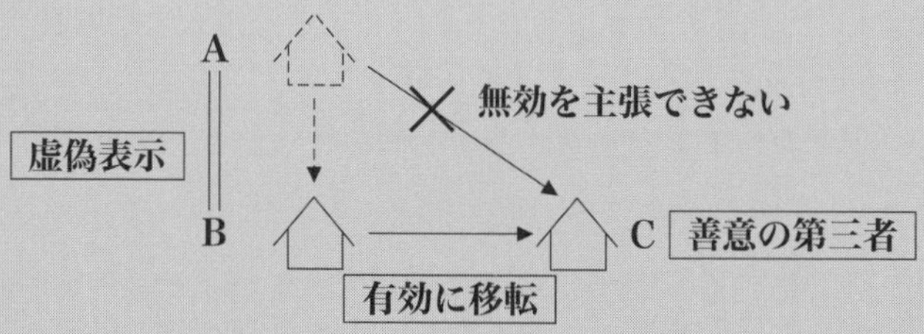

●10●
錯誤(mistake)

錯誤とは，真意と表示が一致していないことに本人が気づかないで行う意思表示です。

錯誤による意思表示は，その錯誤が重要なものであるときは取り消すことができます（95条1項）。

ただし，本人にその錯誤についての重過失《じゅうかしつ》が認められるときは無効を主張することはできません。「重過失」とは，ちょっと注意すれば知ること

①表示上の錯誤――1000円を100円と言ってしまった場合。
②錯誤――偽物の絵を本物の絵だと思って買う場合。

ができた場合です。「過失」(うっかり) よりひどい不注意の場合です。

錯誤には2つの種類があります。

錯誤の制度の目的は，表意者 (本人) の保護です。原則として本人のみが錯誤を主張できます。相手方や第三者は本人に重過失が認められるときでも，錯誤を理由として取り消すことはできません。

●11●
瑕疵ある意思表示＝詐欺《さぎ》(fraud)・強 迫《きょうはく》(duress)

詐欺と強迫は，意思と表示が一致していながらその意思を形成する過程に瑕疵がみられる場合です (96条)。

詐欺とは，相手をだまして錯誤におとしいれることです。だまされてした意思表示は取り消すことができます (1項)。

第三者によってだまされたことを，相手方が過失なく知らなかったときは取り消すことはできません (2項)。たとえば，BはAと契約しようか悩んでいたとします。そこで，Cにだまされ，結果Aと契約したような場合です。Bは，相手方Aが「Bが第三者Cにだまされたこと」を知りえなかったときは，取り消せないということです。

また詐欺による意思表示の取消しは，善意で過失のない第三者に対して主張することはできません (3項)。

強迫による意思表示とは，相手からおどされた状態で行った意思表示です。詐欺の場合と異なるのは，取消しの主張を誰に対してもできるという点です。よって，強迫では善意の第三者に対しても取消しを主張できます。

これは，詐欺のように本人の責任が大きい場合と，強迫のように本人の責任が小さい場合とを同じように扱うのは不公平だとされるからです。

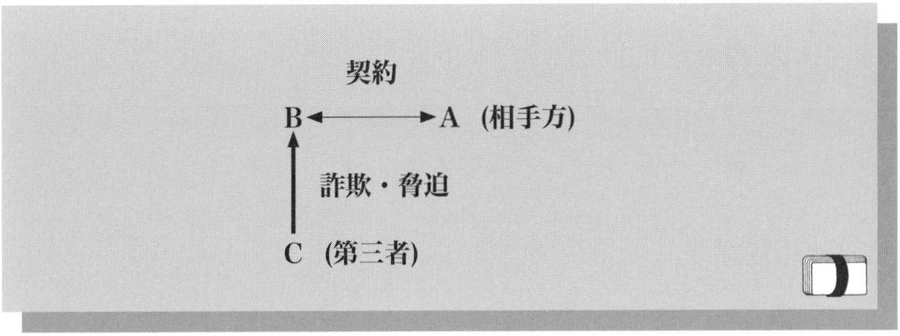

●12●
代理(agency)

代理とは，第三者に本人に代わって法律行為をさせて，その法律効果を本人に帰属させることです（99条）。

代理には二つの制度があります。

①法定代理――法律の定めによって代理人となるもの。
②任意代理――本人（principal）の依頼による代理。

法定代理制度の趣旨は，意思能力を欠く者のために有効な法律行為をさせることにあります。具体的には，未成年者や制限行為能力者が挙げられます。

5条で「未成年者が法律行為をするには，その法定代理人の同意を得なければならない」と定められています。未成年者は未熟なので法律行為をさせることは不適当だから，法定代理人である親権者が代わりに契約をするのです。

任意代理制度は，第三者に代理行為をさせることによって本人の活動領域や時間が増える，という実益を充実させるためにあります。人の社会活動を拡張させるためとも言えます。たとえば東京にいるAさんとニューヨークにいるBさんがそうたびたび会うことは時間的にも費用の面でも大変です。そこで，BさんがCさんを自分の代理人として，東京に派遣すれば，Bさんの活動領域を広げることができます。

●13●
無効・取消し

契約などで，有効に成立するための要件が欠けていた場合，その契約は無効または取消しができることになります。

ここでは，無効と取消しについてポイントを比較しましょう。

まず無効です。

次に取消しです。

取り消せる者は制限行為能力者や瑕疵ある意思表示をした者などです。

追認とは，あとから承認することです。

無効のポイント
①誰でも主張できる
②誰も主張しなくても，もともと当然に無効
③追認できない（119条）
④いつまでも無効を主張できる

取消しのポイント
①一定の人だけが取り消せる（120条）
②主張してはじめて行為の効力がなくなる（121条）
③追認すれば行為は有効になる（122条）
④取り消せる期間が決められている（126条）

無効と取消しは大事なところですので，表にしてまとめます。

	無効	取消し
主張権者	だれでもOK	取消権者のみ
期間	制限なし	制限あり
追認	できない	追認すれば有効
効力	当初から生じない	取り消されてはじめて効力なし （取り消されるまでは「有効」）

●14●
条件・期限

条件とは，将来ある事実が発生するかしないかということに，法律効果の発生または消滅をかかわらせる意思表示です。

条件は二つに分けられます。

①停止条件《ていしじょうけん》 (condition precedent) ――ある事実が発生したら行為の効力が発生する。

②解除条件《かいじょじょうけん》 (condition subsequent) ――ある事実が発生したら行為の効力が消滅する。

①の停止条件の例として，「胎児は，相続については，既に生まれたものとみなす」(886条) という条文の解釈があります。判例によると，胎児のままでは権利能力をもちません。しかし，ひとたび生まれると，さかのぼって胎児のときに受けた不法行為について損害賠償請求をすることができます。また，相続人・受遺者となることもできます。もちろん両親が法定代理人として権利を行使するわけですが。

②の解除条件の例としては，留年したら仕送りを止める，などがあります。

これに対して**期限**は，たとえば「来年の5月1日」のように，来ることが確実にわかっているタイムリミットのことです。

●15●
期間

期間の計算方法についても民法はルールを定めています。

時・分・秒を単位として期間を定めたときは，その瞬間が起算点です (139条)。

また，日・週・月・年を単位とすると，初日を除いて，その翌日が起算日となります (140条)。

たとえば，令和元年6月9日に，1年後に返済する約束で100万円を借りた場合，いつまでに返済すればよいのでしょうか？　これは，起算日は

6月10日なので，その1年後の令和2年6月10日の前日，6月9日の24時までに返済すればよいことになります。

●16●
時効

ある状態が一定期間続き，他人の権利関係に変動が生じる制度が**時効《じこう》**です。

時効制度には三つの理由があります。

時効制度が存在する理由

①継続した事実を信じて取引に入った人の保護――社会秩序の安定をはかる。

②法は権利の上に眠る者を保護しない――権利の行使を怠る人は法の保護に値しない。

③継続した事実は真実を反映している可能性が高い――証拠の紛失など立証が難しい場合を救済する。

時効によって，権利を取得したり権利が消滅したりします。しかし時効の効果を発生させるためには，時効によって利益を受ける当事者が裁判で主張をしなければいけません。この主張を時効の援用といいます。

時効制度には，権利を取得する**取得時効《しゅとくじこう》**と権利が消滅する**消滅時効《しょうめつじこう》**の二つの制度があります。

時効によって所有権や所有権以外の財産権を取得することを取得時効といいます（162条・163条）。所有権以外の財産権とは，地上権・永小作権・地役権・質権・債権などです。

取得時効の期間
①占有開始時に善意・無過失――10 年で権利を取得
②占有開始時に善意・無過失でないとき――20 年で権利を取得

一定期間経った権利を取得するには，当事者が所有の意思をもって平穏かつ公然と占有していることが求められます。

債権と所有権以外の財産権が，一定期間権利を行使しないと消滅することを消滅時効といいます（166 条）。消滅時効にかかる権利は，債権・地上権・永小作権・地役権などです。なお，所有権は消滅時効にかかりません。

消滅時効の成立
①債権者が権利を行使することができることを知った時から 5 年
②権利を行使することができる時から 10 年

❷►物権法

●1●
物権とは・物権変動

❖物権と債権の違い

物権とは人が特定の物に対して持つ権利です。この権利を持つことで，人はある物の使用・収益・処分が可能になります。物権が発生・変更・消滅することを，物権変動といいます。

物権の特徴は三つあります。

物権の特徴
①物権を持つ人が対象となる物を支配する，直接性。
②すべての人に対して，その支配を主張しうる，絶対性。
③一つの物の上には同じ内容の物権は一つしか存在しない，排他性。

以上の決まりごとは債権と比較すると理解しやすいと思われます。債権とはある人に何かをさせたり，させなかったり要求する権利です。特徴としては，債務者にある行為を請求するだけの権利ですから直接性はありません。また，債務者に対してしか請求できませんので相対的な権利です。さらに，一つの物の上に複数の債権をつけることができます。

❖排他性と公示の原則

物権の特徴の一つである排他性についてもう少し説明します。ある物にどのような物権が設定されているかわからないと安心して取引することはできません。大金をはたいて購入した家に実は抵当権《ていとうけん》がついていたらたまったものではありません。ちなみに抵当権とは借金のカタのことであり，普通は抵当権付きの家や土地など誰も買いません。

そこで，安心して取引が行えるように，民法は**公示**という原則を定めています。公示とは，そもそも目に見えない物権の内容を誰もが知り得るように公に示させる制度です。物権の内容が公示されて初めて，排他性を主張することができるわけです。

公示の方法は，物権の内容によって三つあります。土地や家などの不動産の場合は登記簿に物権の変更を記す①登記という制度があります。動産の場合は②占有，つまり持っているだけで公示したことになります。たとえば本屋さんが一冊ずつ本を登記などしていたら仕事になりません。実際上の要請から動産は占有で足りるとしました。三つ目に③明認方法《めいにんほうほう》があります。これはたとえば，樹木の幹に自分の名前を刻むような一定の行為を公示とみなすことです。

物権	公示の方法
不動産	登記
動産	占有
	明認方法

❖物権の効力（優先的効力と物権的請求権）

物権と物権が競合するときは，設定された物権の時間的な先後が優先権を決定します。先に設定された物権が勝つことを優先的効力《ゆうせんてきこうりょく》といいます。物権と債権が競合するときは，常に物権が優先します。

自分の物権が侵害されたときに自分の所有権の救済を求める権利を，物《ぶっ》権的請求権《けんてきせいきゅうけん》といいます。この権利を定める条文はありません。しかし物権は排他性の強い権利ですから，その性質を追求するために侵害行為を排除する権利も当然認められています。物権的請求権は三つあります。

物権的請求権
①物の返還を求める返還請求権
②物権の行使が妨げられている時に妨害の除去を求める妨害排除請求権
③将来物権が妨害されるおそれがあるとき，妨害の予防を求める妨害予防請求権

❖公信の原則

動産の場合で，実際に相手が権利をもっていないが占有しているというケースがあります。この場合その公示を善意・無過失で信じて取引した人は，権利を取得することができます。

❖意思主義

物権の変動それ自体は，当事者の意思表示のみで効力を生じます。たとえば，土地や家などの不動産を買って，所有権の移転の登記をしたとします。このとき，売買契約の時点で物権変動が生じたとするのが意思主義です（176条）。

❖対抗要件

物権の変動を第三者に主張するためには，**対抗要件**《たいこうようけん》を備えなければなりません。

❖不動産の物権変動と対抗要件

不動産の物権変動は登記が対抗要件です。もともと当事者の意思表示があれば登記をしなくても成立します。しかしこれでは不動産物権が誰か第三者に侵害されたときに，自分の所有権を主張することができません。言い方を変えると，登記をしておいて初めて第三者に対抗できる，ということです（177条）。

ここでいう「第三者」とは当事者以外のすべての人を指すのではなく，登記がないことを主張する正当な利益を有する当事者またはその包括承継人以外の者と，判例によって制限的に解釈されています。

不動産では登記に公信力はありません。つまり，公信の原則は不動産には適用されません。

❖動産の物権変動と対抗要件

動産の物権受動の対抗要件は引渡しです（178条）。引渡しとは，次に説明する「占有権」が移転することだとされています。動産物権も意思表示があれば権利自体は移転します。

動産では引渡しに公信力があります。

❖即時取得

動産の引渡しに公信力があることに関して**即時取得**《そくじしゅとく》という制度があります（192条）。たとえば，私がある人から購入した本が，実は第三者からその人が借りていた本だとします。この時，以下の要件を満たせば，本来他人の物である本を，私は手に入れることができます。

即時取得の要件

①有効な取引によって取得したこと
②動産の占有を始めたこと
③平穏・公然・善意・無過失で取得したこと
④前主が処分権限を有しない者であること

即時取得の対象は動産だけです。

●2● 占有権

❖占有権《せんゆうけん》とは

まず**占有**とは，物を①自己のためにする意思をもって②現実に所持している状態を指します。この占有状態が「占有権」によって保護されるのです（180条）。占有者が占有物の上に行使する権利は，正当な権利であると推定されます（188条）。これが基本的な権利ですが，重要なものについて見ておきましょう。

❖占有訴権

正当に物を占有している人が，占有状態を侵害されたりしたときに「やめてくれ」といって訴えを提起する権利をいいます（197条）。占有訴権は前に説明した物権的請求権に対応しています。

①占有回収の訴え (200条) → 占有を奪われたときに、その物の返還と損害賠償を求める訴え＝返還請求権に対応
②占有保持の訴え (198条) → 占有を妨害されたときに、妨害の停止と損害賠償を求める訴え＝妨害排除請求権に対応
③占有保全の訴え (199条) → 占有を妨害されそうなとき、妨害の予防と損害賠償の担保を求める訴え

❖占有権の消滅

占有権を獲得する条件は，①占有する意思と②事実上の所持でした。これに対応して，占有権が消滅するのは，①占有を放棄する意思または②占有物の所持を失うことによります（203条）。

●3●
所有権

❖所有権《しょゆうけん》とは

所有権とは，所有者が法令の制限内で自由にその所有物を使用，収益，処分できる権利です（206条）。私たちには最も身近な，私有財産制度の根幹をなす基本的な物権です。

「法律の制限」とは，憲法29条の財産権の規定を指すと理解されています。同条1項により私有財産は不可侵の権利として尊重されますが，同条2項により公共の福祉にかなうような制限が加えられます。たとえば「幹線道路を造るからあなたの所有する土地が必要だ」と国から求められたときなどです。もっとも，この場合（公用徴収《こうようちょうしゅう》といいます），同条3項により国は正当な補償を支払わなければいけません。この他にも，建築基準法，都市計画法は土地の自由な使用を制限し，また権利濫用の禁止（民法1条）の制約も加えられます。

❖相隣《そうりん》関係

土地は常に隣り合う関係です。そこで，必要な範囲でお隣さんの土地を利用し，互いの土地の価値を十分に発揮できるよう調整させる関係を**相隣関係**といいます（209条以下）。たとえば，ある土地が他の土地に囲まれていて公道に通じていないとします。この時，その土地の所有者には，公道に出るために，囲まれている土地を通行する権利が認められます（210条）。

❖所有権の取得

所有権は契約や相続によって取得するのが一般的です。この他にもいくつか取得方法がありますが，遺失物拾得《いしつぶつしゅうとく》と付合《ふごう》を紹介します。遺失物拾得とは，たとえば私が道で財布を拾ったとします。交番に届けてから3か月を過ぎても遺失者が現れないときは私の物になります（240条）。当然もっと細かい規定が遺失物法という特別法で定められています。付合とは2個以上の物がくっついて分離させることが難しい状態になることです。不動産に動産を付着させたとき，その動産は不動産の一部分となってしまいます。

●4●
用益物権

❖用益物権《ようえきぶっけん》とは

用益物権とは他人の土地を使用収益する物権です。後に出てくる担保物権と共に物を絶対的に使用できる所有権を制限するので「制限物権」と呼ばれます。用益物権には所有権のように物を処分する権利はありません。

用益物権は，地上権，永小作権《えいこさくけん》，地役権《ちえきけん》，入会権《いりあいけん》の四つが定められています。

❖地上権

地上権とは，他人の土地で工作物または竹木を所有するためにその土地を使用する権利です（265条）。工作物とは，建物・道路・池です。竹木とは，耕作物を除く植物です。山林に生える樹木などです。耕作物は，永小作権の対象になります。

地上権は当事者間の合意（設定行為といいます）や遺言，相続などで成立します。

❖永小作権

永小作権《えいこさくけん》とは，小作料を払って他人の土地で耕作または牧畜をする権利です（270条）。植林などの竹木は地上権の対象物でした。

歴史を振り返ってみますと，終戦後の農地改革によって永小作権は国によって強制的に買い上げられました。そして土地が永小作人に売り払われたので，現在では永小作人はほとんど存在しないとされています。

❖地役権

地役権《ちえきけん》とは，自分の土地の便益が増すように他人の土地を利用する権利です。地役権の目的は，設定行為によって決められます。自分の土地を要役地，他人の土地を承役地といいます。地役権には，二つの土地間での通行権や引水権などがあります。

この他に地役権は，要役地と承役地の双方の所有者による共同使用権という側面ももちます。

❖入会権

入会権《いりあいけん》とは，山林などを共同して支配する権利です。263条と294条に入会権の規定がありますが，現実には各地方の慣習に従うことに重点が置かれています。

2か条しかない理由は，明治政府がそれ以前の慣習を調査・検討する余裕がなかったからです。

●5●

担保物権

❖担保物権《たんぽぶっけん》とは

現代社会では何をするにもお金が必要です。たとえば会社を経営している人は運営資金を銀行から借ります。この時，銀行から見れば貸したお金が当然返ってくると見込んで貸すわけです。このお金が返ってくるということを確実にするための手段が担保《たんぽ》と呼ばれるものです。**担保物権**とは，そのような，債権者が債務者の財産から優先的に弁済を受けられる権利のことです。

お金の貸し借りは債権関係です。債権とは債務者に何かをさせるだけの権利で，誰にでも絶対性を主張できる物権と比べて弱い権利です。この担保物権は債権を物権のように扱うように見えます。

これから頻繁に出てくる用語の説明をしておきましょう。抵当権を設定する人は，お金を借りている人＝債務者で**抵当権設定者**と呼びます。お金を貸している銀行＝債権者は**抵当権者**と呼びます。もう一つ，債務者のために自分の家や土地に抵当権を設定する人を**物上保証人《ぶつじょうほしょうにん》**と呼びます。

担保物権の性質について付従《ふじゅう》性と随伴《ずいはん》性を説明しておきます。

そもそも債権があって初めて担保物権の問題が生じます。借金を全額返済するなどして債権が消滅したら，同時に担保物権も消滅します。この性質を付従性と言います。次に，担保物権は債権を担保するための制度です。ですから，ある債権が他人に譲渡されると，同時にその担保物権も債権にくっついて移転します。これが随伴性です。

❖担保物権の種類

担保物権には，約定《やくじょう》担保物権と法定《ほうてい》担保物権の２種類があります。前者は，債権者と債務者の間の設定行為によって成立する担保物権で，質権と抵当権があります。後者は，一定の条件をみたせば両当事者間で法律上当然に成立する担保物権です。留置権と先取特権があります。

❖留置権《りゅうちけん》

留置権とは，他人の物を占有している人が，その物から生じた債権の弁済を受けるまでその物を手元に留めて置ける権利です（295条）。修理屋さんは修理した物について当然修理代を払ってもらう権利（代金債権）があります。依頼者が代金を払ってくれるまで，お店は修理物を手元に置いておくことができます。なお，留置権は債務が弁済期にあって初めて主張できます。

❖先取特権《さきどりとっけん》

先取特権とは，法律に従ってある債務者の財産に他の債権者に優先して弁済を受ける権利です（303条）。共益の費用，雇用関係，葬式の費用，日用品の供給に関する債権についてこの権利が生じます（306条）。先取特権は他の債権者にくらべて強力な権利なので，価額のあまり高くない内容に絞られています。

先取特権の目的物が売却されたり滅失した場合に，債権者は債務者が受けるべきお金や物に対しても先取特権の主張をすることができます。これを物上代位《ぶつじょうだいい》と呼びます。

❖質権《しちけん》

質権とは，債権の担保として債務者または第三者から受け取った物を占有し，かつ他の債権者に優先して自己の債権の弁済を受ける権利です（342条）。質権の目的物を質物，質物を受け取った人を質権者，質物を渡した人を質権設定者といいます。質権者は債務の弁済が行われない場合には質物を売却したりして弁済を受けることができるという点で，他の債権者よりも保護されています。

質物は必ず譲渡可能な物でなければいけません（343条）。株式，地上権，債権などは質権の目的にすることができます。しかし扶養《ふよう》を受ける権利は認められません（881条）。

❖動産質《どうさんしち》

動産に質権を設定することを**動産質**といいます。質権者は質物を継続して占有することで第三者に対抗できます（352条）。さらに，質物が奪われたとき占有回収の訴えを起こすことができます（353条）。

不動産に質権を設定することを不動産質といいます。不動産質権者は目的の不動産を使用して収益を得ることができます（356条）。ただしその間の管理費用は質権者の負担です（357条）。

❖抵当権《ていとうけん》

抵当権とは，債務者または第三者が物を手元に残しつつ債務の担保に供した不動産について，他の債権者に優先して自分の債権の弁済を受ける権利です（369条）。第三者とは物上保証人です。抵当権の目的物にできるものには，不動産，地上権，永小作権があります。たとえば工場（不動産）に抵当権を設定したとしましょう。質権のように目的物を持っていかれたら工場からの利益を得ることはできませんが，抵当権なら物は手元に残しておけるので，工場から使用収益しつづけることができます。銀行から融資を受けるのに便利な担保物権なのです。

このように抵当権には，同じ約定担保物権である質権とは異なり目的の物を手元に残しておけること，また担保物権である以上，金銭価値に変換できること，という特徴があります。

抵当権は第一抵当権者，第二抵当権者，…というように順位をつけて登記されます。先順位者は後順位者に対して弁済の時に優先的な立場となります。

債務者が弁済を滞《とどこお》らせた場合，抵当権者は目的物を売却できます。実際には裁判所による競売《けいばい》で抵当権が実行されます。この手続きは民事執行法の規定に従って行われます。

競売が債権者を保護する制度であるのに対して，債務者を保護する抵当《ていとう》権消滅請求《けんしょうめつせいきゅう》という制度があります。これは，抵当不動産を取得した第三者が自己評価した抵当不動産の代価等相当額を抵当権者に提供して，抵当権を消滅させる制度です（379条）。債権者にとって酷な面と債務者にとって最後の頼みとなる面があります。

抵当権自体を債権の担保にすることを転抵当《てんていとう》といいます。一般的に抵当権の被担保債権の弁済期が到来するまで長期間かかります。そのため，転抵当が認められることでお金の流れが円滑になることが期待されています。

●6●

非典型担保

❖非典型担保とは

非典型担保とは民法典に書かれていないタイプの担保物権のことです。留置権・先取特権・質権・抵当権は典型担保です。非典型担保は判例によって理論付けが確立してきた，取引の実情に適した物権と言えます。三つを挙げておきます。

まず目的物に仮登記という形で担保を設定しておき，債務の弁済が滞ったときに所有権を移転させる**仮登記担保《かりとうきたんぽ》**があります。

次に目的物の占有は買主に移転させるけれども，所有権は売主に留保させておく**所有権《しょゆうけん》 留保《りゅうほ》**があります。車などの高額商品の割賦《かっぷ》（ローン）販売に利用されています。

最後に**譲渡担保《じょうとたんぽ》**です。まず担保の目的の所有権を債権者に移転させます。被担保債権が弁済されると権利は復帰し，債務の弁済が滞ると確定的に権利が債権者に帰属します。抵当権とは異なり，動産を担保にすることもできます。

❸▶債権法

●1●
債権法総則

債権と物権は財産法を構成しています。債権は，契約や事務管理などを発生原因としています。この債権の発生，変更，消滅についての法律関係を規律するのが債権法の分野となります。

「**債権**《さいけん》」とは他人にある行為を請求する権利です。他人を通して実現するという点で間接的，相対的な権利と言えます。物権は物を直接，排他的に支配する権利でした。加えて物権とは誰に対しても主張できる絶対的権利でした。また，物権は法律で定められたもの以外は勝手に新しく作ることが許されないのが原則（物権法定主義，175条）ですが，債権は自由に決められます（契約自由の原則）。

債権法の内容を，債権法総則，契約総論，契約各論，契約ではない債権発生原因（事務管理・不法利得・不法行為）の順で説明していきます。

❖債権の種類

契約は債権の発生原因の中でも重要となるので，その中でも総論と各論に分けられています。

債権の種類は，いくつかに分類できます。まず，ある特定の物を引き渡す債権を**特定物債権**《とくていぶつさいけん》といいます。「ピカソのゲルニカ」など代わりになる物が存在しないのが特徴です。特定物を引き渡すまでの間は，善良な管理者としての注意義務（**善管**《ぜんかん》 **注意**《ちゅうい》**義務**《ぎむ》）があります（400条）。特定物に欠陥があった場合には金銭で補償します。次に，「ビール5本」など代わりの物が存在する債権を**不特定物債権**と呼びます。善管注意義務はありません。欠陥があった場合には代わりの物を用意しなければいけません。この他に，金銭を支払う**金銭債権**や利息を支払う**利息債権**があります。

❖債権不履行

債務（＝義務）を終わらせることを**債務の履行**といいます。債務者が債務を履行しないことを**債務不履行**《さいむふりこう》（irregularity of performance）といい，三つの種類があります。

①履行可能なのに履行期を過ぎても履行しない「履行《りこう》遅滞《ちたい》」
②債権成立時に可能だったがその後不能になった「履行《りこう》不能《ふのう》」

なお，債権成立時前にすでに不能だった場合を原始的不能といいます。たとえば，別荘を売る契約をする前にすでに別荘が燃えていたときなどです。これに対して契約後に不能になったものを後発的不能といいます。たとえば別荘を売る契約をした後に別荘が燃えた場合などです。

③債務の履行が一応なされたが完全ではない「不完全《ふかんぜん》履行《りこう》」

債務不履行によって生じた損害は，原則として金銭によって賠償されます。損害賠償請求権は，債務不履行と後述の不法行為の二つによって生じます。

債権者が債務者からの債務の履行を拒むことを**受領《じゅりょう》遅滞《ちたい》**といいます。この場合、義務を果たした債務者の責任は軽減される（413条1項）一方、債権者の責任が加重されます（413条2項、413条の2第2項）。

❖債権の効力

債務者がお金を返さなかったとき，法は強制的に債務者の財産を差し押さえることを認めます。これを**責任財産の保全**といいます。本来個人の財産への介入はみとめられませんが，民法は，債権者の権利を保護するために，一定の範囲で債務者の財産に介入できる制度を設計しています。(1)債権者代位権と(2)詐害行為取消権がそれです。

❖債権者《さいけんしゃ》代位権《だいいけん》

債権者代位権とは，債権者が自分の債権を保全するために債務者が有する権利を行使できる権利です（423条）。債務者が財産上の権利の行使を怠っているときに有効です。たとえば，債務者が第三者に対して有する金銭債権を取り立てない場合などです。金銭債権を代位行使した債権者は，自己への給付を求めることができます。ただし親権や慰謝料請求権などの一身《いっしん》専属権《せんぞくけん》については代位権を行使できません。

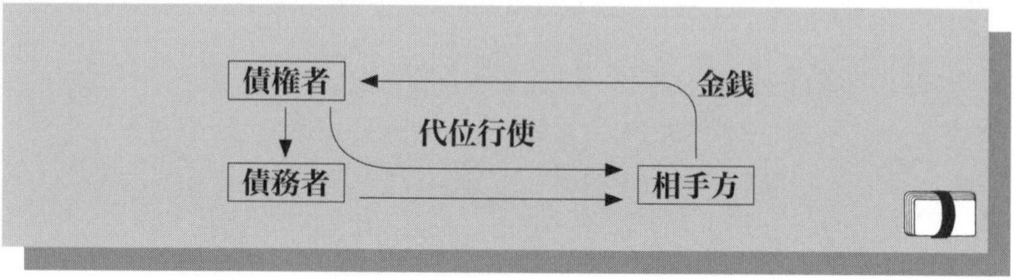

❖詐害行為取消権

詐害行為取消権とは，債務者が債権者を害する財産処分行為をした場合に，裁判所にその行為の取消しを求める権利です（424条）。たとえば，債務者が自身の土地を第三者に譲渡する場合などです。ただし善意の受益者や転得者には取消権を行使できません。転得者とは債務者から受益者へ移った権利について，さらにその受益者から権利を得た人をいいます。債権者を害する行為を**詐害《さがい》行為**と呼びます。取消しが認められると財産は債務者に戻ります。

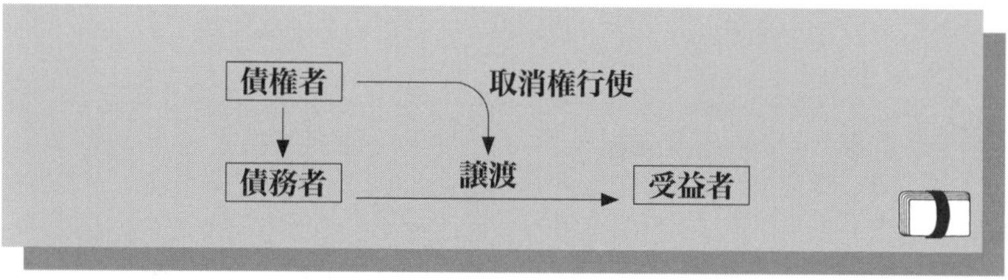

❖多数当事者の債権・債務と保証

複数の当事者が債権・債務関係に入る場合を，多数当事者の債権・債務関係と呼びます。

連帯債務《れんたいさいむ》とは，複数の債務者が一つの債務について全員独立に全部の弁済をする義務を負うものです。債権者にとって債務者の頭数が増えるわけですから利点の多い制度です。連帯債務者の間では主従の関係はありません。連帯債務者の誰かが弁済をするときは他の債務者に対して通知をしなければなりません（443条）。一人が全額を弁済すると他の連帯債務者に対して費用の分担を求めることが許されます。これを**求償権**《きゅうしょうけん》といいます。通知をしなかったときは求償権が制限されます。

保証《ほしょう》とは，他人がその債務を履行しないとき，その債務を他人に代わって履行するという内容の合意をいいます（446条）。主たる債務を担保する多数当事者の債権・債務関係を，保証債務と呼びます。

この保証債務を負うものには**保証人**と**連帯保証人**があります。債権者と保証人の間で，保証契約が成立します。

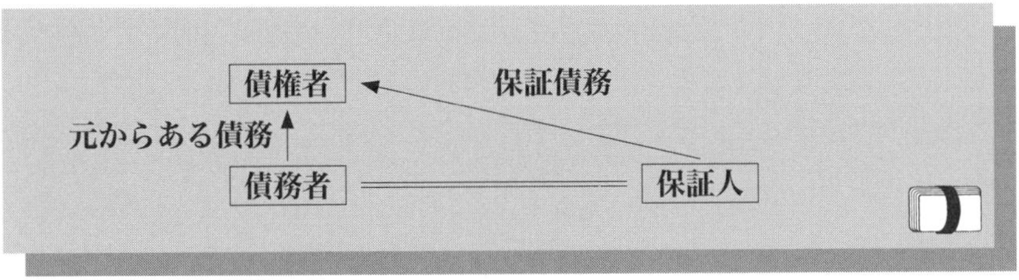

特徴として，債権者が保証人に債務の履行を要求してきた場合に，保証人は「まずは債務者に履行を求めるべきだ」として要求を拒める，**催告**《さいこく》**の抗弁権**（452条）をもちます。また，催告後に債権者が要求してきても，主たる債務者に弁済能力がある場合には債権者の要求を拒むことができる，**検索の抗弁権**（453条）があります。

連帯保証人とは，保証人の性質から催告の抗弁権と検索の抗弁権を除いたものです。つまり，債権者から債務の履行を請求されると，連帯保証人は無条件に履行しなければなりません。履行を怠ると強制執行の対象になります。

❖債権譲渡

債権は譲渡することができます（466条1項本文）。ただし債権の性質によっては譲渡することが許されないものもあります（同項ただし書き）。扶養請求権や恩給権は法律によって譲渡が禁止されています。

債権譲渡は，債権を売りたい人（譲渡人）と，債権を買いたい人（譲受人）との契約，つまり意思の合致によって成立します。債権を譲渡するには，原則として，譲渡人（債権者）が債権を譲渡するという通知を債務者に対して行うか，債務者の承諾を得ないといけません。そうしないと債務者は誰に対して債務の弁済を行えばいいのかわからなくなり，二重弁済の危険があるからです。見知らぬ債権者へ弁済したくないという債務者は，債権譲渡を制限する特約をつけることもできます。特約に反して債権が譲渡されてしまった場合，債務者は供託によって債務を免れることができます（466条の2）。

❖債務引受け

債権譲渡と対照的に，債務者が替わる制度があります。第三者が債務者の債務を引き受けることを債務引受けといいます。元の債務者と債務引受人が共に同じ債務を負担する場合を併存的債務引受といいます（470条）。また，元の債務者は債務を免れて債務引受人のみが債務を負担する場合を免責的債務引受といいます（472条）。

❖債権の消滅

たとえば100万円の債務を全額返済したら，債権債務関係は帳消しになります。これを債権の消滅といい，6種類の原因があります。

まず「**弁済**《べんさい》」です。これは債権の内容を実現する行為です。お金の貸し借りがなくなるという状態は，債務者がお金を返す行為と債権者がお金を受け取る行為があって成立します。この場合の債務者側の行為を弁済の提供，債権者側の行為を弁済の受領といいます。弁済の提供をすると債務者は債務不履行責任を免れます（492条）。債権者の承諾があれば他の物によって弁済することもできます。これを代物弁済《だいぶつべんさい》といいます（482条）。弁済する場所を前もって定めておかなかった場合は債権者の住所で弁済が行われます（484条）。

次に「**供託**《きょうたく》」です。これは，たとえば家主が家賃を受け取らないときに，供託所にその家賃を預けることで，債務を消滅させることができる制度です（494条）。

この他，債権の内容を実現する必要がなくなったために債権が消滅する場合として，相殺《そうさい》・更改《こうかい》・免除・混同があります。

●2●
契約総論

民法は債権の発生する原因として，契約（2章）・事務管理（3章）・不当利得（4章）・不法行為（5章）を定めています。このうち条文の数で契約が占める割合は8割以上です。重要な契約の総論を確認していきます。

❖契約自由の原則

近代私法の三大原則は，**所有権絶対の原則・契約自由の原則・過失責任の原則**です。契約自由の原則とは，公序良俗(90条)に触れるような契約を除けば，内容や形式は自由に当事者間で決めることができるという原則です。

しかし資本主義の発達に伴い，大資本と経済的弱者の間には著しい格差が見られました。この社会的な矛盾を是正する方策として，たとえば独占禁止法などが修正を加えています。

❖契約の分類

契約は基本的に自由に結ぶことができますが，民法は頻繁になされる13種類の契約を，典型契約として定めています。詳しくは契約各論で説明します。

契約の分類
双務《そうむ》契約――契約の当事者双方が債務を負担する契約
片務《へんむ》契約――契約の一方のみが債務を負担する契約
有償《ゆうしょう》契約――契約の当事者双方が経済的支出をする契約
無償《むしょう》契約――契約の一方のみが経済的支出をする契約
諾成《だくせい》契約――当事者間の意思表示の合致のみで成立する契約
要物《ようぶつ》契約――意思表示の合致に加えて物の交付を要する契約

通常は，双務契約＝有償契約，片務契約＝無償契約となります。

❖契約の成立

契約は，二人の意思表示が一致することで成立します。このとき，先になされた意思表示を**申込み**，後のものを**承諾**といいます。

承諾の期間を定めた申込みは撤回することができません（523条1項）。これを申込みの拘束力といいます。承諾を受けなかったときは，その申込みは効力を失います（同条2項）。

❖契約の効力

契約の効力については，①同時履行の抗弁権，②危険負担，③第三者のためにする契約の三つのポイントがあります。

①同時履行《どうじりこう》の抗弁権《こうべんけん》

同時履行の抗弁権とは，双務契約において，相手の債務が履行されるまでは自分が債務の履行を拒むことができる権利です。双務契約は各当事者がお互いに債務を負担していますね。ただし相手方が債務の弁済期にあることが必要です（533条）。双務契約では，たとえば車を買う契約をしたとすると，売主は車を引き渡す債務を，買主は代金を支払う債務を負います。この場合に互いの立場で，相手の債務が履行されるまでは自分の債務の履行を拒むことができます。抗弁権はあくまでも「公平の理念から各債務者に与えられた」権利です。抗弁権の効果として，債務の履行を拒絶でき，かつ債務不履行責任を負いません。

②危険負担《きけんふたん》

危険負担というのは，双務契約で，一方の債務が債務者の責任によらずに消滅した場合に，他方の債務も消滅するかどうか，という問題です。債務者の故意や過失がなければ債務不履行にならないので，損害賠償の請求ができません。たとえばある物を売る契約をしたところ，その物が盗まれてしまいました。売主の商品引渡し債務が消滅する一方で，買主の代金支払い債務は残るのでしょうか。ここで売主に過失があるときは，危険負担ではなく損害賠償の問題になるわけです。

民法は，他方の債務は残るけれどもその履行は拒むことができるという，履行拒絶権を定めています（536条1項）。先の例でいうと，買主の代金支払い債務は残るけれども，その履行は拒めるというわけです。

ただし，損害賠償の請求はできなくても，履行不能に基づく契約の解除をすることができますので（542条1項），買主が契約解除をしてしまえば履行拒絶権を行使するまでもありません。

③第三者のためにする契約

第三者のためにする契約とは，契約当事者の一方が第三者に対して直接債務を負担することを相手に約束する契約のことです。つまり，売主が買主にある物を売ったとして，買主は第三者にその代金を支払うような契約です。

❖契約の解除

契約の解除とは，契約が有効に成立した後に，その契約を最初からなかったようにすることです。当事者間の契約で定めた解除権による解除（約定解除）と、法律の規定によって生じる解除権による解除（法定解除）があります。契約を解除すると，当事者は原状回復義務（元の状態に戻す義務）を負います（545条）。

●3●
契約各論

前に述べましたが，契約自由の原則があるため，私たちは，社会秩序に反しない限り，どのような契約でも結ぶことができます。しかし，民法は便宜的に13種類の典型契約を定めています。以下，典型契約を，財産権移転型契約・貸借契約・労務提供型契約・その他の契約の4種類に分けて説明していきます。

❖財産権移転型契約

ここでは，贈与・売買・交換を説明します。

贈与《ぞうよ》とは，当事者の一方がある財産を無償で相手方に与える契約です（549条）。相手方に負担がないので片務契約，口約束で成立するので諾成契約，そして無償契約です。書面によらない贈与は解除することができます（550条）。しかし書面による贈与は解除できません。贈与行為の効力を確実にしたければ，書面を作成しておいた方が安心です。

売買《ばいばい》とは，当事者の一方がある財産権を相手方に移転する約束をし，相手方がその代金を支払う約束をすることで生じる契約です（555条）。最もポピュラーな契約です。双務・諾成・有償契約です。

当事者の一方が契約のときに一定の趣旨で相手方に渡す金銭その他の物を手付《てつけ》といいます。手付は解約手付と推定されます。従って手付を払った買主はいつでも契約解除ができ，売主は手付の倍額を渡すことで契約解除できます（557条1項）。

他人の権利を売買すると，売主はその権利を取得して買主に移転させる義務を負います（561条）。これを他人物売買《たにんぶつばいばい》といいます。他人の所有権は物権法的には所有権絶対の原則で守られていますが，売主が有効に所有権を取得したうえで買主に売却するということは可能ですので，他人物の売買契約は債権法的に成立するのです。

売主の売った目的物が契約内容に適合しないものであった場合，買主は完全な履行をするよう請求できますし，代金の減額や損害賠償の請求，また契約の解除もすることができます（562条，563条，564条）。

交換《こうかん》とは，当事者が互いに金銭の所有権以外の財産権を移転させる契約です（586条）。双務・諾成・有償契約です。

❖貸借契約

ここでは，消費貸借・使用貸借・賃貸借を説明します。

消費貸借とは，当事者の一方が，種類や数量の同じ物によって返還することを約束して，相手方から金銭やその他の物を受け取る契約です（587条）。要物契約の場合と，書面による諾成契約の場合とがあります。また，利息のない無償契約の場合と，利息のある有償契約の場合とがあります。

使用貸借とは，当事者の一方がある物を引き渡すことを約束して，相手方がその物について無償で使用・収益をして契約が終わったときに返還するという契約です（593条）。たとえば図書館で本を借りるなどです。片務・諾成・無償契約です。

賃貸借とは，当事者の一方が相手方にある物の使用・収益をさせることを約束し，相手方がその賃料を支払うことと，契約が終わった時に物を返還することを約束する契約です（601条）。たとえばレンタルショップでのレンタルなどです。双務・諾成・有償契約です。賃貸人は目的物の修繕義務を負います。賃貸借の期間は50年以内です（604条）。

❖労務提供型契約

ここでは，雇用・請負・委任を説明します。

雇用とは，当事者の一方が相手方の労務に服することを約束し，相手方が報酬を与える約束をする契約です（623条）。双務・諾成・有償契約です。

雇用契約が成立すると，労働者には当然真面目に働く義務が生じます。職務に著しい怠慢がみられたときは契約を解除されます（=クビ）。一方，使用者も報酬を支払う義務があります。

請負とは，当事者の一方がある仕事を完成することを約束して，相手方がその仕事の結果に対して報酬を与えることを約束する契約です（632条）。双務・諾成・有償契約です。

請負契約が成立すると，請負人には仕事を完成させる義務が生じ，注文者には報酬を支払う義務が生じます。

委任とは，当事者の一方が法律行為をすることを相手方に委託し，相手方がこれを承諾する契約です（643条）。つまり，だれかに頼んで自分の代わりに法律行為をしてもらうことです。片務・諾成・無償契約です。

受任者は委任者から具体的な指示を受けずに自由な裁量で事務処理ができます。ここが請負や雇用と異なる点です。

❖その他の契約

ここでは，寄託・組合・終身定期金・和解を説明します。

寄託とは，当事者の一方がある物を保管することを相手方に委託し，相手方が承諾することによって成立する契約です（657条）。片務・諾成・無償契約です。報酬を支払う約束をしたときは，双務・有償になります。

組合とは，各当事者が出資して共同の事業を営むことを約束する契約です（667条）。民法でいう組合とは団体のことです。組合の意思決定は，組合員の過半数でなされます（670条1項）。組合の財産は共有され分割請求できません。

終身定期金とは，当事者の一方が自分・相手方・第三者が死亡するまで定期に金銭その他の物を相手方か第三者に渡すことを約束する契約です（689条）。諾成契約です。

現在では，公的年金制度が普及しており終身定期金はほとんど利用されていません。

和解とは，当事者が互いに譲歩して，当事者間の争いを止めることを約束する契約です (695条)。双務・諾成・有償契約です。

示談も和解の一つとされています。交通事故の示談が成立すると，被害者は損害賠償金を受け取る代わりに，一切の請求権を放棄する約束がされます。しかし，後に後遺症が現出したとき，示談時に予想できなかったとして損害賠償請求権を認めた裁判例もあります。

●4●
事務管理と不当利得と不法行為

今までお話ししてきた契約の他にも債権が発生する場合があります。事務管理と不当利得と不法行為の三つがそれです。

❖事務管理 (management of affairs)

事務管理とは，義務がないのに他人の事務を管理する行為です。事務を管理した人を管理者，管理してもらった人を本人といいます。両者間には債権債務関係が生じます。

この場合，管理者が本人のためにかけたコストを本人に請求できる権利 (702条) や，管理者はいったん引き受けた以上本人の利益に適した方法で管理する義務 (697条) が生じます。たとえば，Aさんが留守中に台風がきて，Aさん宅の屋根が飛んでいきそうなのを見た隣のBさんが，応急処置をしてあげた場合などがこれです。管理者Bさんは本人Aさんに，かかったコストを請求できることになります。

❖不当利得 (unjust enrichment)

不当利得とは，正当な理由なく他人の財産または労務から利益を得た人が，損失を受けた人に利益を返還する義務を負う制度です (703条)。成立要件は四つあります。

不当利得の成立要件
①他人の財産又は労務によって利益を受けたこと（利得)
②利得に法律上の原因がないこと
③他人に損失を及ぼしたこと
④利得と損失との間に因果関係があること

これらの条件をみたすと，不当利得者に対して利得の返還を請求することができます。

❖不法行為（tort）

故意または過失によって他人の権利を侵害した人は生じた損害を賠償する責任を負います（709条)。このような行為を**不法行為**といいます。不法行為は前述の債務不履行と共に損害賠償請求権の2大発生原因です。成立要件は五つあります。

不法行為責任の成立要件
①加害者に故意・過失があるときのみ責任を負う（過失責任の原則)
②加害者に行為の正当性を理解できる責任能力があること
③被害者の権利・利益を侵害したこと＝違法性があること
④損害が発生したこと
⑤加害者の行為と被害者の損害に因果関係が認められること

不法行為の効果として，加害者に対して損害賠償を請求できます（709条)。お金による解決です。ただし，被害者が名誉を毀《き》損《そん》されたときは，メディアに謝罪広告を出すなどの処分も命じられることがあります（723条)。

他人の権利を侵害しても不法行為が成立しない場合があります。たとえば変質者に追いかけられたとき勢い余って相手を殴り倒してしまったというような正当防衛の場合，同様のケースで他人の家に逃げこんでしまったというような緊急避難の場合などです。

❖特殊な不法行為

709条の不法行為は一般の不法行為と呼ばれます。他方，特殊な不法行為もあります。

①未成年や成年被後見人の不法行為責任を負う監督義務者の責任（714条）
②雇用している労働者が仕事で第三者に与えた責任を負う使用者責任（715条）
③請負人を指図する際に有過失だと責任を負う注文者の責任（716条）
④建物や道路に瑕疵があるときに責任を負う土地工作物責任（717条）
⑤飼育している動物が損害を与えたときに責任を負う動物占有者責任（718条）
⑥数人で他人に損害を与えたときに責任を負う共同不法行為者責任（719条）

❹►親族法

●1●
親族法とは

「親族法」とは，家庭・家族関係のトラブルの処理の指針となる法律です。

❖親族

親族とは，①6 親等内の血族，②配偶者，③3 親等内の姻族です（725 条）。配偶者は血族でも姻族でもありませんが，民法では親族に含めています（725 条 2 号）。

❖血族と姻族

「**血族**《けつぞく》」とは，自分と直接血のつながりのある者です。血族は二つに分かれます。血のつながった者を自然血族といいます。一方，養子縁組によってつくられる養子と，養親・養親の血族間の関係を法定血族といいます（727 条）。養親子関係は離縁によって終了します（729 条）。

親子・祖父母・孫の縦の関係を直系といい，兄弟・おじおば・おいめいの横の関係を傍系といいます。

父母以上の世代を尊属《そんぞく》，子以下の世代を卑属《ひぞく》といいます。自分と同世代の兄弟姉妹やいとこは尊属でも卑属でもありません。

「姻族《いんぞく》」とは，配偶者の血縁者です。姻族関係は婚姻によって発生し，離婚によって終了します。夫婦の一方が先に死亡しても，生存している配偶者の姻族関係は原則終了しません。

❖親等《しんとう》

親等は，親族間の世代数をいいます（726 条 1 項）。たとえば，自分の父母と子は 1 親等です。また，自分の兄弟姉妹は，一度父母の代に戻って降りるというふうに数えるので 2 親等となります。なお，配偶者との間には親等はありません。

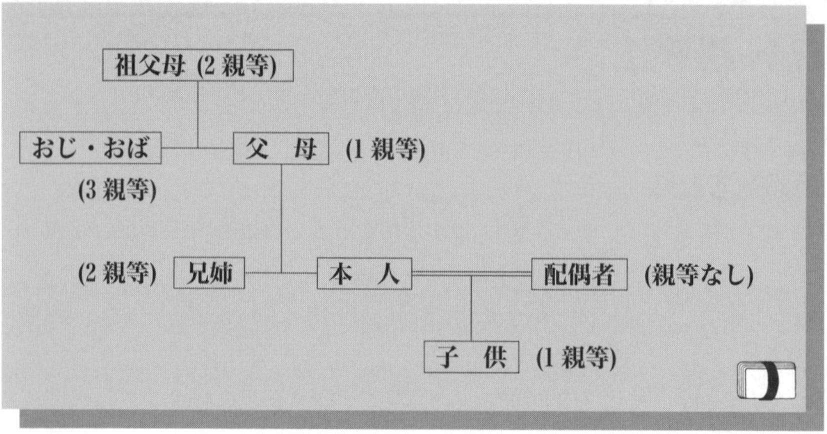

●2●
婚姻

❖婚姻の成立

婚約《こんやく》は婚姻の予約で，男女の合意だけで成立します。婚約を不当に破棄すると，①不当利得として結納《ゆいのう》を返還する義務や②損害賠償責任を負います。

婚姻は結婚の意思を持つ男女が役所に婚姻届けを出すことによって成立します（739 条 1 項）。男女の意思（742 条 1 号）の他に，婚姻の実質的要件を挙げておきましょう。

①18 歳以上であること（婚姻適齢，731 条）
※2022 年 4 月 1 日から男女ともに 18 歳以上に統一されました。
②重婚ではないこと（732 条）
③近親婚でないこと（734 条〜736 条）
④再婚禁止期間が過ぎていること（733 条）

近親婚については，優生学的・倫理的理由から以下のような婚姻を禁止しているものです。

近親婚
①直系血族・3親等以内の傍系血族
②直系姻族間
③養親・養親直系尊属と養子とその配偶者・養子直系卑属とその配偶者

再婚禁止期間は、子の父親が誰かを明確にするために設けられたルールで、女性にのみ適用されます。期間は6か月と定められていましたが、最高裁の違憲判決により、現在は100日に短縮されています。

❖婚姻の無効・取消し

男女の間に婚姻の意思がない場合や届出をしていない場合は，婚姻は無効です（742条）。婚姻の無効はさかのぼるので，初めから夫婦としての法律関係がなかったことになります。

詐欺や強迫による婚姻は取り消せます（747条）。ただし婚姻してから3か月経過した時や追認した場合には取り消せません。婚姻の取消しの効果は，無効の場合とは違い，将来に向かってのみ生じます（748条1項）。

❖婚姻の効力

婚姻には次の効力があります。

①親族間で助け合う扶助《ふじょ》義務（752条）
②不倫をしない貞操《ていそう》義務
③未成年で婚姻した者を成年とみなす成年擬制《ぎせい》（753条）
④婚姻中にした夫婦間の契約はいつでも取り消せる（754条）
⑤夫婦は同じ氏に統一（夫婦同氏の原則，750条）

②は明文の規定はありませんが，配偶者の不貞な行為，つまり浮気は離婚原因となる（770条1項1号）ことから貞操義務を互いに負うものと解

釈されています。

夫婦の財産は片方が婚姻前から持っていた財産についてはその人の財産になります（夫婦別産制）。

婚姻中の日常生活での家事債務は夫婦双方が連帯責任を負います（761条）。日常の家事債務とは，共同生活に必要不可欠な事項をいいます。たとえば，妻が洗濯機を買ったとします。夫は「こんなものはいらないから，私は代金を支払わないぞ」と言っても，それは認められないのです。洗濯機は日常に必要なもので，よって夫も代金支払いの債務を妻と連帯して負います。

❖離婚

婚姻を解消することを，**離婚**といいます。離婚の成否は以後の配偶者の境遇を大きく左右するので，離婚の手続きは法律によって厳格に定められています。

離婚の種類

①話し合いによる協議離婚
②家庭裁判所での話し合いによる調停《ちょうてい》離婚
③家庭裁判所での片方の意思による審判離婚
④裁判所での片方の意思による裁判離婚

なお，内縁《ないえん》とは事実上夫婦として生活しているが，婚姻届出をしていない夫婦のことです。内縁では，片方の一方的な破棄によって関係を終わらせることが可能です。生まれた子供を父が認知しても嫡出子《ちゃくしゅつし》にはなりません。内縁関係では，姻族関係や相続権は発生しません。

離婚が成立すると，以下の効果が発生します。

離婚の効果
①再婚の自由
②姻族関係の消滅
③婚姻で氏を変えた人は元の氏に戻る
④子の監護者と親権者を決める
⑤財産分与の請求ができる

①について，女性は再婚禁止期間（待婚《たいこん》期間《きかん》）があります。また，⑤については，離婚によって生じた精神的損害に対する慰謝料をこれに含めるか争いがありますが，判例は，慰謝料も含むと解釈しています。

●3●
親子

❖実子《じっし》

実子とは自然の親子関係にある子を指します。**養子**に対する観念です。

実子のうち，婚姻中に生まれた子を嫡出子《ちゃくしゅつし》，婚姻外で生まれた子を非《ひ》嫡出子《ちゃくしゅつし》と呼びます。非嫡出子は，父が認知《にんち》しない限り，戸籍上はあくまで「母親の子」でしかありません。

「認知」とは父が婚姻外で生ませた子を自分の子として認める意思表示です（779条）。「準正《じゅんせい》」とは，婚姻を通して非嫡出子を嫡出子にすることです。生まれていた非嫡出子を認知してから婚姻すると婚姻準正，婚姻してから認知すると認知準正といい，いずれの場合も嫡出子となります。

❖養子《ようし》

養子縁組制度の目的は，人為的・擬制的親子関係を創設することです。

養子縁組が成立するためには，養親が20歳であること（792条）や，養親が養子よりも年長であること（793条），夫婦が未成年者を養子とする場合は共同で縁組すること（795条）などの条件があります。

養子縁組の日から養子は養親の嫡出子としての身分を得ます（809条）。養子は，養親や養親の血族との間に親族関係が発生し（727条），養親の氏を称し（810条），養親の戸籍に入り，養親の親権に服します。

養子縁組を解消させることを**離縁《りえん》**といいます。離縁が成立すると，養子は縁組前の氏と戸籍に戻ります。また，養子が未成年ならば，実親の親権が成立します。

養子は養親と実父母・実父母の親族という二つの血族を持ちます。この点につき，実父母・実父母の血族の関係を消滅させてしまう**特別養子縁組**という制度もあります。この場合には戸籍上は実子として扱われ，原則として離縁は認められず，養親は離縁を請求することはできません。しかし，あくまで子供の安全な育成が目的ですので，法律上の権利は養子と変わりません。

●4●
親権

❖親権《しんけん》の効力と喪失

親権とは，未成年の子の監護・教育と財産の管理をする権利を指します。身上《しんじょう》監護権と財産監護権の二つがあります。

身上監護権とは，子供を健全な社会人に育てる権利です（820条）。

財産監護権とは，子供が成人するまで子供の財産を責任を持って管理する権利です（824条）。子供の財産は自分のためにするのと同一の注意をもって管理しなければいけません（827条）。過去に争われた事例に，親権者が子に連帯債務を負担させて子の所有する不動産に抵当権を設定する行為が問題とされたケースがあります。子の利益と相反する行為は許されません（826条）。

親権者が親権を濫用したときは，家裁が，子の親族・検察官の請求により親権喪失の宣告をすることができます（834条）。

●5●
後見制度

民法総則でもふれましたが，後見のうち成年後見制度は，物事を判断する能力が不十分な人たちを保護する制度です。つまり自分のした行為の結果を理解できない，たとえば精神障害者や要介護患者などの自己決定尊重の理念と，本人保護の理念との調和を目的としています。

❖後見《こうけん》

後見とは，親権者の保護が得られない未成年者と，家庭裁判所によって後見開始の審判を受けた人（成年被後見人）を保護することです（838 条）。後見には，未成年者の監護・教育や財産管理をする**未成年後見**と，成年被後見人の監護や財産管理をする**成年後見**とがあります。後見人には財産管理において善良な管理者の注意義務が求められます。保佐・補助制度も後見制度と同様に考えます。

後見・保佐・補助が家庭裁判所の審判で決定されるのに対し，あらかじめ自分の意思で後見人を選ぶ**任意後見制度**があります。本人は任意後見人と公正証書で契約する必要があります。

●6● 扶養

「**扶養**《ふよう》」とは，生活困窮《こんきゅう》者に対して親族に援助をさせる権利義務です。扶養には，生活保持義務と生活扶助《ふじょ》義務とがあります。

「生活保持義務」とは，夫婦と親子の家族関係において当然求められる義務です。同水準の生活の維持が，夫婦の平等や親が子を育てる義務の中に見出されるべきです。

「生活扶助義務」は，生活保持義務よりは広く浅い義務です。夫婦・親子ではない親族が，困っている親族を助ける義務です。

⑤►相続法

●1●
相続法とは

戦前の日本では，女性が相続を認められない，長男の単独相続などの差別的な条文がありました。日本国憲法では個人の平等・両性の本質的平等が基本的原理として定められ（憲法24条），親族法と同様に旧相続法も全面的に改正されました。

❖相続

「**相続**」とは，人の死によってその人の財産を特定の人に承継させることです。相続が発生する原因には，

①本人の死亡

②失踪《しっそう》宣告

があります。後者では一定期間行方不明の人は死亡したものとみなされます（30条）。

相続を認める理由としては，残された遺族の生活保障や取引関係の安定を図る必要性が挙げられます。

●2●
相続人と相続の効力

❖相続人

死んだ人を**被相続人**，その財産上の権利義務を継承する人を**相続人**と呼びます。相続人は，血族相続人と配偶者たる相続人に分けられます。血族相続人は相続する順位が定められています。なお，配偶者は常に同順位の相続人となります（890条）。

相続の順位
①第一順位――被相続人の子と孫以下の直系卑属（887条1項）
②第二順位――被相続人の直系尊属＝父母や祖父母
③第三順位――被相続人の兄弟姉妹とその者の子

子・兄弟姉妹が相続前に死亡したり欠格《けっかく》・廃除《はいじょ》になった場合に，子・兄弟姉妹の子などが相続人になる制度を代襲《だいしゅう》相続といいます。

相続人の資格をもっているにもかかわらず，法律上の一定の理由で資格を許されないことがあります。被相続人を殺したり遺言書を変造したりした者は相続欠格にあたります（891条）。被相続人を虐待したり侮辱した者は廃除されます（892条）。

❖相続の効力

相続人は被相続人の一切の権利義務を受け継ぎます。ただし本人の地位などの一身専属権は除きます（896条）。複数の相続人がいる場合，相続財産は共有されます（898条）。共有により，各人が一つの物に対してそれぞれ持ち分を持ち，各人はこの持ち分の範囲内で自由に処分できます。

相続財産全体に対する相続人の権利の割合は相続分と呼ばれ，法律で定められています。たとえば，相続人が配偶者と子のときは1/2ずつ，同じく配偶者と直系尊属のときは配偶者が2/3・直系尊属が1/3で，配偶者と兄弟姉妹ではそれぞれ3/4・1/4となります。被相続人が遺言で相続分を決めることもできます（902条1項）。

被相続者が生前に遺贈や生前贈与をした者を特別受益者といいます。贈与の他，大学生への仕送りもこれにあたります。特別受益者が受けた遺贈や仕送りも相続財産に含まれるとみなされます。

また，たとえば被相続人の介護を何年もしてきたとか，財産の維持や増加に貢献した相続人を特別寄与者といいます（904条の2）。相続分に特別な配慮が求められます。

●3●
相続の承認・放棄

❖三つのパターン

借金の割合が高い財産を相続したい人はあまりいないでしょう。そこで，財産を相続するか否か，三つの選択肢があります。

①単純承認
②限定承認
③全財産の放棄

「単純承認」とは，借金も含めて全財産を無条件に引き受けることです。一方，「限定承認」は，債務（借金）の割合が高いときには引き受けず，プラスがでるときに限って引き受けるとします。さらに，全財産の放棄があります。なお，3か月以内に家庭裁判所に限定承認・相続放棄の申述をしなければ単純承認したことになってしまいます。

●4●
財産分離・相続人の不存在

❖財産分離

財産分離とは，相続人の固有財産と相続財産を分離しておく制度です。この制度の趣旨は，被相続人と相続人それぞれの債権者の保護にあります。被相続人に対する貸金債権がある人（A）は財産の相続人に対し借金の返済を求めます。このときもともと相続人に対しても債権者がいて相続財産を差し押さえたとしましょう。Aは自分の債権の弁済を確保することができません。そこでAを保護するために用意された制度が，財産分離です。

❖相続人の不存在

相続人が不明の場合は相続財産は法人として扱われます（951条）。遺産は独立の財産として扱われるのです。家庭裁判所が選任した相続財産管理人が，相続財産に利害関係を持つ債権者や受遺者に対して清算手続きをします（952条）。内縁の妻・被相続人を看病した人などの特別縁故者の請求があれば，清算後の財産について分与することができます（958条の3）。

●5●
遺言と遺留分

❖遺言《いごん》

生前に人が表示した意思の実現を保障する制度を遺言制度といい，その意思を**遺言**といいます。

遺言は，民法で定められている方式に従わなければ無効になります（960条）。遺言は15歳以上であれば誰でもできます（961条）。また単独でしなければいけません。

遺言の方式にはいくつかの種類があります。

遺言の方式
①遺言者本人が全文・日付・氏名を書き捺印する自筆《じひつ》証書遺言
②公証人が作成する公正証書遺言
③封印した遺言書を公証人に提出する秘密証書遺言
④臨終間際に行われる死亡危急《ききゅう》者遺言
⑤船が沈没しそうなときに用いる船舶遭難者遺言

遺言によって財産のすべてまたは一部を処分することができます（964条）。財産を与える人を遺言者《いごんしゃ》，もらう人を受遺者《じゅいしゃ》といいます。遺言者の死亡を要件として受遺者に財産を与えることを遺贈《いぞう》といいます。

遺言は単独行為です。遺言者の終局的な意思を尊重することが遺言制度の趣旨です。ですから，遺言者は遺言の方式に従えばいつでも遺言を撤回することができます（1022条）。さらに，後にした遺言の効力は前の遺言の効力より優先されます（1023条）。

❖遺留分《いりゅうぶん》

遺留分とは，兄弟姉妹以外の相続人のために一定割合の財産を確保しておく制度です (1042 条)。遺留分を持つ相続人は，配偶者・直系卑属・直系尊属・直系卑属の代襲者です。直系尊属のみが相続人のときは被相続人の財産の 1/3，その他の相続人は 1/2 です。

3時間目
はじめての六法・その3
刑法

▶Penal Code

第1編　総則

第2編　罪

●1●
刑法とは

刑法とは六法の一つで，「犯罪」と「刑罰」についての法律です。**刑法総論**と**刑法各論**から成り立っています。総論では，犯罪と刑罰についての全体の理論を学び，各論では個別の犯罪を見ていきます。刑法は，国民の生活・生命を脅かす犯罪者を処罰して，国民の生活利益を保護することを目的としています。分類としては，六法にある刑法は狭義の刑法にあたります。この他にも，犯罪に関する法としては，軽犯罪法や破壊活動防止法などがあります。また，道路交通法や公職選挙法など，行政刑法と呼ばれる行政の取り締まり目的の法律もあります。これらを合わせたものが広い意味の（広義の）刑法です。

●2●
刑法の性質

❖罪刑法定主義《ざいけいほうていしゅぎ》

刑法の大原則が，この罪刑法定主義です。**罪刑法定主義とは，どんな行為が「犯罪」にあたり，どんな「刑罰」が科せられるのかは法律で決められる，とする考え方**です。これは，刑法に書かれていることではなく，憲法31条，39条に定められている原理です。

詳しくは，下の黒板を見てください。

罪刑法定主義
①法律主義
②遡及《そきゅう》処罰の禁止
③類推解釈の禁止
④デュープロセス

法律主義とは，犯罪と刑罰は国会の定める法律によって規定されなければならないとする考え方です。

遡及処罰の禁止とは，ある行為をした時にそれが適法であれば，その後，その行為を罰す法律ができたからといってその行為を罰することはできないとするものです。

類推解釈の禁止とは，法律に書いていないことがらについて，それと似たことがらについての法律を適用するのを禁止することです。

デュープロセス (due process) とは，刑法の内容とそれを適用する際の手続きが適正であることを保障します。憲法 31 条に書かれている原則です。

❖刑法の適用に関する考え方

日本の刑法は属地《ぞくち》主義を採用しています。属地主義とは，日本国内で犯罪が行われた場合，どこの国の人であっても日本の刑罰を適用するという考え方です。

●3●

犯罪の成立要件

一般的には，「犯罪」とは，①「**構成要件**」に該当する②「**違法**」かつ③「**有責**」な行為をいいます。

「違法」とは，法益《ほうえき》侵害があることをいいます。「有責」とは，故意や過失などその人に非難される理由があることをいいます。事例ごとにこれらを検討し，これらの要件をすべて満たす場合に犯罪は成立します。以下では，①～③の解釈について詳しく勉強します。

①構成要件該当性＋②違法性＋③有責性　＝　犯罪成立

❖構成要件とは

構成要件とは，刑法に書かれている犯罪のパターンをいいます。といっても刑法の条文そのままではなく，条文を解釈して得た犯罪のしくみのことです。たとえば，199 条の殺人罪の構成要件は，「人を殺すこと」になります。

構成要件は客観的構成要件と主観的構成要件からなります。さらに客観的構成要件は，実行行為，因果関係，結果の順で成り立っています。

❖客観的構成要件

外から客観的に見て認識できるものが客観的な要素です。

構成要件に該当する行為を**「実行行為」**といいます。実行行為の結果として，法益侵害またはその危険が発生します。

実行行為と関連して，不作為による犯罪の成立＝不作為犯が問題となります。不作為犯とは，何もしないことで実現される犯罪をいいます。

これには二つの種類があります。

①真正《しんせい》不《ふ》作《さく》為《い》犯《はん》

何もしないと犯罪になることがあらかじめ法律上に明記されているものをいいます。たとえば，130条後段に不退去罪があります。「出て行け」といわれて出て行かないこと（不作為）が罪となるケースです。

②不《ふ》真正《しんせい》不《ふ》作《さく》為《い》犯《はん》

本来なら作為の形式で行われる犯罪を不作為の形式で行う犯罪です。たとえば，母親が乳児に食事を与えずに餓死させた場合などがそうです。本来，殺人はナイフで刺すなどの作為によって達成されますが，不作為によっても成立します。

ちなみに**因《いん》果《が》関係《かんけい》**とは，実行行為と生じた結果の間に，原因－結果の関係があることを言います。「あの行為がなかったらあの結果にはならなかっただろう」と言えれば，因果関係があることになります。

たとえば，AがBをナイフで刺して殺害した場合を考えてみましょう。「AがBをナイフで刺した」という事実が実行行為になります。そして，「Bが死んだ」というのが「結果」ですね。この際，「Aがナイフで刺したからBは死んだ」というのが，「因果関係」になります。

❖主観的構成要件

行為者の内心に関することがらで，外から認識することはできません。たとえば，「（行為者が内心で）人を殺すつもりで殺している」なら，構成要件的故意があるといえます。「客観的に（外部から見て）人を殺した」というだけでは足りません。なお，この主観的構成要件は，客観的構成要件を満たすことを確認してから検討します。

構成要件

客観的構成要件
実行行為 ＋ **因果関係** ＝**結果** → **主観的構成要件**
構成要件的故意 → **該当！**

では，この主観的構成要件の錯誤（間違い，カン違い）について詳しく見ていきましょう。

❖事実の錯誤

事実の錯誤とは，行為者が認識した事実と，現実に発生した客観的事実が一致しない場合を言います。次の二つがあります。

①具体的事実の錯誤
②抽象的事実の錯誤

具体的事実の錯誤とは，同じ構成要件内で錯誤が起こっている場合をいいます。たとえば，Aを殺すつもりで，Bを殺した場合がそうです。殺人罪の構成要件内で，客体の錯誤が起きています。

抽象的事実の錯誤とは，違う構成要件間で錯誤が起こっている場合です。ある人を殺すつもりでその人の飼い犬を殺した場合などは，殺人罪と器物損壊罪の構成要件の錯誤が見られます。

錯誤には，先の客体の錯誤の他にも，Aを狙うつもりが弾がそれてBに当たってBが死亡した場合などの方法の錯誤があります。また，崖《がけ》から落として殺すつもりが途中の岩にあたって死んだなどの場合の，因果関係の錯誤もあります。

❖法律の錯誤

法律の錯誤とは，犯罪事実の認識はあるが，自分の行為が違法ではないと認識している場合をいいます。

①法の不知《ふち》　刑法の存在に関する錯誤
②あてはめの錯誤　刑法の解釈に関する錯誤

これらは，事実の錯誤と異なり必ずしも故意が阻却《そきゃく》される（=成立しなくなる）わけではありません。違法性の意識の可能性の捉え方によって責任が阻却される可能性はあります。

❖過失

過失とは，不注意により構成要件該当事実や違法事実を認識しないことをいいます。通常の過失に加えて，さらなる注意義務が求められる業務上過失や，重過失などがあります。

❖信頼の原則

被害者や第三者について，適切な行動をとるだろうと信頼することが普通で，彼らの不適切な行動によって発生した結果については行為者は責任をとらなくてもよいという考え方です。たとえば，赤信号を無視して横断してきた歩行者をはねてしまった場合がこれにあたります。

●4●
違法性

原則として，構成要件に該当する行為は違法となります。ですが，特別の場合には，その違法性が阻却される（=成立しない）ことがあります（この違法性《いほうせい》阻却事由《そきゃくじゆう》については後述します）。違法性の本質を理解する上で以下の二つの学説が重要です。

❖行為無価値論《こういむかちろん》と結果無価値論《けっかむかちろん》

行為無価値論という考え方は，行為自体の反倫理性に着目して主観的構成要件要素を肯定します。社会倫理に違反したのだから，罰せられるという結論になります。

一方，**結果無価値論**という考え方は，法益の侵害結果，またはその危険性に着目して，主観的構成要件要素を否定します。法益侵害をしたという結果が重要視され，そのために罰せられると考えるのです。

どちらも刑法解釈の上で重要な骨格となる部分ですので覚えておいてください。

なお，**可罰的違法性**《かばつてきいほうせい》とは，違法性が一定の限度に達しないと行為を罰することができないとするものです。つまり，罪が軽すぎる場合は罰せられません。たとえば，ティッシュペーパー1枚を盗んでも通常は可罰的違法性がなく，窃盗罪は成立しません。

❖違法性阻却事由《いほうせいそきゃくじゆう》

違法性阻却事由とは，構成要件に該当していても違法性を消滅させる特別な事情をいいます。この場合，一見悪い行為であっても犯罪は成立しません。緊急行為と正当行為に分類されます。

①緊急行為

⑴正当防衛（36条）

正当防衛《せいとうぼうえい》とは，急迫不正の侵害に対し，自己・他人の権利を防衛するために，やむをえずした反撃行為をいいます。

「急迫」とは，今すぐにでも法益が侵害されそうな状態をいいます。「不正の侵害」は，違法な行為であればよく，責任の有無は問われません。

「自己・他人の権利を防衛するため」なので，一般的に，防衛の意思というものも必要とされています。たとえば，防衛に名を借りた積極的な加害行為や，相手を殺したらたまたま相手も自分を殺すつもりだったというような偶然防衛《ぐうぜんぼうえい》の場合，防衛の意思がないため，正当防衛は成立しません。

「やむをえず」とは，防衛の程度が相当であることを意味しています。行き過ぎた防衛は，過剰防衛であり，正当防衛が成立しない可能性があります。

⑵緊急避難（37条）

緊急避難《きんきゅうひなん》とは，自己・他人の生命・身体・自由・財産に対する現在の危難《きなん》を避けるためにやむをえずした行為で，その行為から生じた害が避けようとした害の程度を超えなかった場合をいいます。

正当防衛の「急迫」と同様，今すぐにでも法益が侵害されるような状態が必要です。

「危難」とは，法益に対する実害・危険のことです。人の行為，動物の行為，自然現象もこれに含まれます。

正当防衛は違法な行為に対するものですので，正（正当防衛する側）VS不正の関係が成り立ちます。ですが，緊急避難の場合，正（緊急避難する側）VS 正の関係が成り立っているのがポイントです。

なお，ここで言う「やむをえず」という言葉は，正当防衛とは違い，避難行為以外にとりうる手段がないことを意味します。

❖関連する問題

過剰《かじょう》防衛・過剰避難は，防衛・避難行為が行き過ぎた場合で，正当防衛・緊急避難が成立しません。

誤想《ごそう》防衛・誤想避難は，「急迫不正の侵害」や，「現在の危難」がないのにあるとカン違いして，防衛・避難行為をしてしまった場合です。この場合も正当防衛・緊急避難は成立しません。

対物《たいぶつ》防衛とは，他人の物（たとえば他人の飼い犬）による侵害に対する防衛行為について正当防衛が成立するとされたものです。

また，明文には規定されていないもので，自救《じきゅう》行為があります。権利を侵害された者が，自力で権利の回復を図る行為をいいます。正当防衛は，急迫不正の侵害に対するものでしたが，自救行為の場合，すでに終わった侵害に対する行為となります。たとえば，取られた物を窃盗犯から取り戻す行為がこれにあたります。

❖正当行為

正当行為《せいとうこうい》とは，社会生活上，正当とみなされる行為をいいます。

①法令行為

法令行為は明文に規定されています。たとえば，警官が人を逮捕する行為などがこれにあたります。

②正当業務行為

ボクサーが対戦相手を殴る行為や，医者が手術で患者の体にメスを入れる行為がこれにあたります。

❖被害者の承諾

明文には規定されていませんが，認められています。安楽死などがこれにあたります。ただ，違法性が阻却されるか否かについては争いもあります。

●5●
責任

構成要件にも該当していて，かつ違法性阻却事由もないのに，なお犯罪が成立しない場合があります。「**責任**」がない場合がそれです。

「責任」とは，犯罪行為について，その行為者を非難できることです。これを「非難可能性《ひなんかのうせい》がある」と言ったりします。

責任の本質をどう捉えるかについてはいろいろな考え方があります。犯人の危険な性格を責任の基礎とする性格責任論や，現実に行われた犯罪行為を責任の基礎とする行為責任論があります。通説では，後者を採用しています。

❖責任の要素

行為者を非難すべきかどうかを判断するために，以下のことがらを考える必要があります。

❖責任能力があるか否か

責任能力とは，行為者が刑事責任を負うことができる能力をいいます。責任能力が否定されるケースの代表的なものが，「心神喪失《しんしんそうしつ》」です。自分の行動を全くコントロールできない状態のことで，責任無能力者となります。罪を犯しても罰せられません（39条1項）。これに似た概念に，「心神《しんしん》耗弱《こうじゃく》」があります。自分をコントロールする力が相当弱い状態をいい，限定責任能力者とされます。罪を犯した場合，必ず減刑されます（39条2項）。

ただ，通常は心神喪失状態で罪を犯しても罰せられませんが，例外的に行為者に責任を負わせる理論があります。「原因において自由な行為」といわれます。たとえば，酔っ払うと人を殴る癖があることを自覚していた人が，日頃不愉快に思っていた人を殴りたいがために酒をガブ飲みして心神喪失状態になって，人に傷害を与えたような場合です。この場合，自ら意思決定した時点で責任能力があったなら意思どおり行われた犯罪については責任を問うべきだと考えるのです。

14 歳未満の子供は罰せられません。刑事未成年とされ，責任無能力者として扱われます (41 条)。

❖責任故意《せきにんこい》はあるか

たとえ責任能力があっても，故意または過失がないなら処罰しないという原則があります。

構成要件的故意と違法性に関する事実を認識することを，**責任故意**といいます。故意の種類には以下のものがあります。

①確定的故意
②択一的故意
③概括《がいかつ》的故意
④未必《みひつ》の故意

確定的故意とは，犯罪事実を確定的に認識している場合をいいます。A に当てる意思で，A に向かって発砲する場合がこれにあたります。これに対し，択一的故意とは，A か B のどちらかに鉄砲が当たればいいと思って発砲する場合をいいます。そして，誰でもいいから当たればいいと思っているなら，概括的故意にあてはまります。しかし，誰にも当てるつもりはないが当たってもかまわないと思って，たとえば，見通しの悪い道を高速で走行する場合などは，未必の故意があります。

●6●
未遂

今までは，一人が単独で犯罪を完遂する場合を考えてきました。ですが，未遂は犯罪が完成していない状態をいい，これを「修正された構成要件」といいます。

❖犯罪の発生時期による分類

犯罪の発生時期によって，①予備・陰謀《いんぼう》，②未遂《みすい》犯，③既遂《きすい》犯に分類できます。

①**予備・陰謀**とは，犯罪の実行に着手していない状態です。ここで，予備とは，犯罪事実のための準備行為であり，陰謀とは，二人以上の者が犯罪実行の相談をすることをいいます。

②**未遂**とは，犯罪の実行に着手したが結果が発生しなかった場合です。たとえば，Bに向かって発砲したが当たらなかった場合が典型例です。これには，さらに犯罪の実行に着手し，実行行為が終了しなかった場合と，実行行為は終了したが結果が発生しなかった場合があります。

❖中止犯

未遂犯のうち，自分で積極的に犯罪を中止した場合を**中止犯**と呼びます。単なる未遂犯では，刑が軽くなる可能性があるにとどまりますが，中止犯は必ず減刑あるいは，刑の免除があります（刑法43条ただし書）。これは，結果の発生を自分で阻止しようとしたところで責任が減少したとされるためです。中止犯と認められるには，以下の要件を満たす必要があります。

①自己の意思によること
②中止したこと

たとえば，AがBをナイフで刺した後，倒れるBを見て「ああ，なんてことをしたんだ」と反省した（①）とします。そして，AはBを病院に運んで，Bは一命を取りとめました（②）。こういう場合には中止犯が成立します。

❖不《ふ》能犯《のうはん》

行為者は犯罪の実行に着手したつもりなのに結果発生が不可能な場合を**不能犯**といいます。たとえば，わら人形に五寸釘を打ちつけることで人が殺せると思った人がそれを実行したような場合です。不能「犯」と言われますが，こういう行為は犯罪にはなりません。

●7●
共犯

共犯も，「単独既遂犯」という原則形態から「修正された構成要件」の一つです。共犯とは，一言で言えば，2人以上で犯罪を行う場合のことを指します。

❖共犯の分類

共犯は以下のように分類されます。

①任意的共犯（一人でも可能な犯罪を二人以上で行う場合）――共同正犯《きょうどうせいはん》・教唆《きょうさ》犯・従犯
②必要的共犯（二人以上で犯罪を起こすことが刑罰法規上想定されている場合）――賄賂罪，騒乱罪など
③間接正犯（他人を道具として利用することで犯罪を行うこと）――医者が何も知らない看護師に毒入りの注射器を渡し患者を殺させる場合など

上の表のうち，重要なものについて，詳しく見ておきましょう。

❖共同正犯（60条）

共同正犯とは，二人以上が共同して犯罪を実行することをいいます。全員が正犯となることから，**一部実行全部責任の原則**がとられていることがわかります。たとえば，Aが暴行・脅迫を担当し，Bがそれを利用して財物奪取の部分を担当した場合に，二人ともについて，暴行・脅迫，財物奪取，つまり強盗の共同正犯が成立することになります。

共同正犯となる要件は，共同実行の意思（主観面）と共同実行の事実（客観面）で，両側面から判断されます。

共同正犯にはいくつか種類があります。

①承継的共同正犯
②共謀《きょうぼう》共同正犯
③過失犯の共同正犯

①は，Aが強盗目的で暴行・脅迫を行った後，途中からBが財物奪取だけ共同で行った場合などです。

②は，A，B，C，Dの4人がXを殺す相談をして，実際にそのうちA，Bが実行して殺人を行った場合などで，4人とも殺人犯となります。

③は，たとえば，AとBが二人でボートを漕《こ》いでいて，不注意で水泳中の人にケガをさせたとします。この場合，二人ともに過失傷害が成立するのです。

❖教唆《きょうさ》犯（61条）

教唆犯とは，人をそそのかして犯罪を実行させる場合をいいます。教唆犯には，正犯と同じ法定刑が定められています。なお，教唆犯は，正犯(そそのかされた人) が犯罪の実行に着手して初めて処罰の対象となります。

❖従《じゅう》犯（62条）

正犯の犯罪を幇助《ほうじょ》する場合をいいます。幇助犯ともいいます。従犯は正犯にくらべて罪が軽くなっています (63条)。たとえば，AがBを殺そうとしているところ，Cが「これで刺したら？」などと言ってナイフをAに渡したとします。この場合，CがAにナイフを与え殺害行為を手伝ったため，従犯となります。

❖共犯と身分

真正身分犯《しんせいみぶんはん》とは，特定の身分のものだけが犯しうる犯罪をいいます。たとえば，公務員だけが犯すことができる収賄《しゅうわい》罪がこれにあたります。他方，不真正身分犯《ふしんせいみぶんはん》とは，身分のある者が犯した場合，罪がより重くなる犯罪をいいます。たとえば，業務上の占有者が横領を行った場合，単なる横領ではなく，業務上横領罪となり罪が重くなります。

刑法65条1項は真正身分犯に，2項は不真正身分犯に加担した身分のない者に共犯が成立するということを定めています。

●8●
刑罰と罪数

❖刑罰

刑罰は，重いものから順に以下のようになります。

死刑＞懲役《ちょうえき》＞禁錮《きんこ》＞罰金＞拘留《こうりゅう》＞科料《かりょう》

その他，没収《ぼっしゅう》などがあります。

❖罪数《ざいすう》

実際の犯罪では，いろいろな罪が同時に犯されている場合が多くあります。

殺人罪一つをとっても，ナイフ等を準備した時点ですでに「殺人予備罪」が成立しています。そして，被害者が死亡すれば，「殺人罪」が成立するわけです。この場合，殺人の既遂罪だけがあてはまります。このような重い罪の刑に軽い罪が吸収される場合には、包括一罪という評価をします。

●9●
刑法各論とは

刑法総論が刑法全体の理論を取り扱うのに対し，各論では個々の具体的な犯罪に関する各条文の解釈をします。

各論の分類は，以下のようになります。

①個人的法益に対する罪→●10●～●14●

②社会的法益に対する罪→●15●～●16●

③国家的法益に対する罪→●17●

●10●
生命・身体・自由に対する罪

❖人とは

①**行為の客体としての人の条件**…他人であり，かつ生後から死ぬまでの状態にいることが必要です。

②**人の始期**…いくつかの説がありますが，刑法上の通説では体の一部が露出した時点を指します。

③**人の終期**…脳死した時点などいくつかの説がありますが，通説では呼吸の停止・脈拍の停止・瞳孔《どうこう》の拡大から総合的に判断する三徴候説《さんちょうこうせつ》が有力です。

❖生命・身体に対する罪

①殺人の罪

・殺人罪…故意に人の生命を侵害する犯罪です。

・自殺関与罪…人の自殺を手伝ったり，頼まれて殺すことです。

②傷害の罪

・傷害罪…人の体に傷害を与えることです。傷害の意義に関する学説として生理機能障害説，身体完全性侵害説，それらの折衷《せっちゅう》説があります。また傷害の故意に関する学説としては，暴行の故意で足りるとする結果的加重犯説，傷害の故意を要求する故意犯説，それらの折衷説があります。

・傷害致死罪…加えた傷害が原因で，人を死亡させてしまった場合です。

・暴行罪…暴行した者が人を傷害するまでに至らなかった場合です。刑法上の「暴行」の分類として次のようなものがあります。

⑴最広義の暴行…すべての不法な有形力の行使。騒乱罪，多衆《たしゅう》不解散罪など

⑵広義の暴行…人に対する不法な有形力の行使。公務執行妨害罪，加重逃走罪など

⑶狭義の暴行…人の身体に対する不法な有形力の行使。暴行罪

⑷最狭義の暴行…人の反抗を抑圧するに足る程度の不法な有形力の

行使。強制性交等罪，強盗罪など

③過失傷害の罪

・過失傷害罪・過失致死罪…過失によって人を傷つけた，あるいは死なせた場合です。

④堕胎《だたい》の罪…自然の分娩《ぶんべん》期より前に人為的に胎児を母体から分離・排出する罪です。主体や同意の有無によって自己堕胎罪，同意堕胎罪，業務上堕胎罪，不同意堕胎罪などがあります。

⑤遺棄《いき》の罪…援助を必要とする人を保護されない状態に置くことで生命・身体を危うくする行為です。主体により単純遺棄罪，保護責任者遺棄罪などがあります。

❖自由に対する罪

①逮捕監禁の罪

・逮捕・監禁罪…不法に人の身体活動の自由を奪う罪です。

②脅迫の罪

・脅迫罪…生命・身体・自由・名誉・財産に害を加えることを告げて人を脅迫する罪です。

刑法上の「脅迫」は次のように分類されます。

⑴広　義…一切の害悪を内容とし，それらを手段とする程度の脅迫。公務執行妨害罪，騒乱罪など

⑵狭　義…被害者本人か親族に対して危害を加えることを内容とし，客観的に人をおびえさせる程度の脅迫。脅迫罪，強要罪など

⑶最狭義…一切の害悪を内容とし，相手の反抗を抑圧するに足りる程度の脅迫。強盗罪，強制性交等罪など

③略取《りゃくしゅ》・誘拐の罪…略取は暴行・脅迫，誘拐は欺罔（だますこと）・誘惑によって人を生活環境から離脱させ，自己・第三者の支配下に置く犯罪です。未成年者拐取罪，身代金目的拐取罪など。

④性的自由に対する罪…個人の性的自由を侵害する罪です。強制わいせつ罪，強制性交等罪など。

●11●
プライバシー・名誉・信用に対する罪

①住居を侵す罪

・住居侵入罪…正当な理由なく住居等に侵入する罪です。

・不退去罪…出て行けと要求されているのに住居等から退去しなかったという罪です。

②秘密を侵す罪

・信書開封罪…正当な理由なく封をしてある手紙等を開ける罪です。

・秘密漏示《ろうじ》罪…医師など特定の職業にあった者が業務上知りえた人の秘密を漏らす罪です。

③名誉・信用に対する罪

・名誉毀損《きそん》罪…公然と事実を示して人の名誉を毀損する罪です。名誉毀損罪が成立しないためには，(1)「公共の利害に関する事実」を示すこと，(2)「公共の利益のため」という目的があること，(3)その事実が「真実」であるという証明があること，という三つの条件をみたさなければなりません。

・侮辱罪

④信用・業務に関する罪

信用毀損罪，業務妨害罪など。

●12●
財産罪と窃盗・強盗の罪

❖財産罪の分類

- 領得《りょうとく》罪
  - 占有移転あり
    - 盗取罪——窃盗罪，強盗罪
    - 交付罪——詐欺罪，恐喝罪
  - 占有移転なし——横領罪，背任罪
  - 間接取得——盗品等《とうひんとう》罪
- 毀損《きそん》罪——器物損壊罪，文書毀棄罪

❖財物の有体性

財産罪の客体となる財物は，有体物《ゆうたいぶつ》（固体・液体・気体）に限られます。財物以外の無形の財産的利益を，財産上の利益と呼びます。

❖窃盗・強盗の罪

①窃盗の罪

・窃盗罪…他人の財物をとる罪です。

他人の自転車を黙って3時間ほど乗り回す程度では犯罪は成立しません（「使用窃盗」といいます）。

窃盗罪で保護される法益に関する学説としては，⑴本権説では所有権などが，⑵占有説では物に対する事実上の占有が，⑶平穏占有説では平穏な占有が，それぞれ保護法益として主張されています。

・不動産侵奪《しんだつ》罪…他人の不動産を侵奪する行為です。

②強盗の罪

・強盗罪…暴行・脅迫して他人の財物を奪う犯罪です。これから派生したものとして，事後強盗罪，強盗致死傷罪，強盗・強制性交等罪などがあります。

●13●
詐欺・恐喝・横領・背任の罪

❖詐欺・恐喝の罪

①詐欺の罪

無銭飲食やキセル乗車が有名です。

・財物《ざいぶつ》詐欺罪…人をだまして財物を交付させる罪です。

・利益詐欺罪…人をだまして財産上不法の利益を得る罪です。

②恐喝の罪

・財物恐喝罪…人をおどして財物を交付させる罪です。

・利益恐喝罪…人をおどして財産上不法の利益を得る罪です。

❖横領・背任の罪

①横領の罪

・単純横領罪…自分が占有する他人の物を横取りする罪です。業務上占有していた場合は業務上横領罪，持ち主がわからないときは遺失物等横領罪になります。

②背任の罪

・背任罪…他人の事務を任されている者が利益を図ったり損害を与える目的で任務に背き，財産上の損害を与える罪です。

●14●
盗品・毀損の罪

❖盗品等に関する罪

盗品を無償あるいは有償で譲り受けたり運搬したりする罪です。

❖毀棄《きき》・隠匿《いんとく》の罪

他人の財物を壊したり隠したりしてダメにする犯罪です。公文書毀棄罪，私文書毀棄罪，器物損壊罪，信書隠匿罪などがあります。

●15●
公共の安全・信用に対する罪

❖公共の安全に対する罪

公共的法益（社会的法益と国家的法益）を侵害する罪です。

①騒乱の罪

騒乱罪，多衆不解散罪があります。

②放火および失火の罪

現住建造物等放火罪，非現住建造物等放火罪，建造物等以外放火罪，延焼罪，業務上失火罪など。焼損《しょうそん》の時期に関する学説としては，独立燃焼説，効用喪失説，重要部分燃焼開始説があります。

③ガス漏出等の罪・同致死罪

④出水・水利に関する罪

現住建造物等浸害罪，非現住建造物等浸害罪などがあります。

⑤往来を妨害する罪

往来妨害罪，汽車転覆等罪などがあります。

⑥公衆の健康に関する罪

浄水汚染罪，水道汚染罪，浄水毒物等混入罪などがあります。

❖公共の信用に対する罪

①通貨偽造の罪

通貨偽造・変造《へんぞう》罪，偽造・変造通貨行使罪，偽造通貨等収得《しゅうとく》罪などがあります。偽造と変造の違いは，(1)偽造は通貨発行権のない者が本物と間違うような物を造ることで，(2)変造は本物の通貨を加工して千円札を一万円札にするようなことです。

②文書偽造の罪

公文書偽造・変造罪，虚偽公文書作成罪，私文書偽造・変造罪などがあります。文書偽造の客体は，(1)詔書《しょうしょ》，(2)公文書，(3)私文書があります。

文書偽造のパターンとしては，(1)有形《ゆうけい》偽造（権限がないのに他人名義の文書を作成。偽造文書となる）と，(2)無形《むけい》偽造（権限はあるがウソの内容の文書を作成。虚偽文書となる）とがあります。また，名義人と作成者の違いは，名義人は文書内容に責任を負う人であるのに対して，作成者は実際に文書内容を作った人であるという点です。

③有価証券偽造の罪

有価証券は財産権を表示する証券のことです。たとえば手形，小切手，定期券，宝くじ，入場券などです。

④印章偽造の罪

印章はハンコのことです。署名（サイン）の偽造も含みます。

●16●
風俗に対する罪

❖わいせつに関する罪

「わいせつ」とはどういうことでしょうか。判例は，①いたずらに性欲を刺激する，②普通の人の正常な性的羞恥《しゅうち》心を害する，③善良な性的道義概念に反する，という定義をしています。

わいせつ物頒布《はんぷ》等罪，重婚罪があります。

❖賭博《とばく》・富くじに関する罪

単純賭博罪，常習賭博罪，富くじ罪などがあります。

❖礼拝所《れいはいじょ》・墳墓《ふんぼ》に関する罪

礼拝所不敬罪，死体損壊罪などがあります。

●17●
国家の存立・作用に対する罪

❖内乱に関する罪

国家防衛を保護法益とするものです。内乱罪などがあります。

❖外患《がいかん》に関する罪

外国の日本に対する武力行使に関与する罪です。国家への裏切りという側面があります。外患誘致罪などが定められています。

❖国交に関する罪

外国に失礼なことをして，外国や日本の利益を害することを防ぐ趣旨の罪です。外国国章損壊罪などがあります。

❖公務の執行を妨害する罪

公務の円滑な遂行を保護法益とするものです。

・公務執行妨害罪…職務を執行する公務員に暴行・脅迫を加える罪です。
　客体は公務員です。職員・議員・委員を指します。

その他，職務強要罪，強制執行妨害罪などがあります。

❖逃走の罪

保護法益は国家の司法作用です。単純逃走罪，加重逃走罪などがあります。

❖犯人蔵匿《ぞうとく》・証拠隠滅の罪

蔵匿とはかくまうことです。犯人蔵匿罪，証拠隠滅罪などがあります。

❖偽証《ぎしょう》の罪

保護法益は司法作用です。法律によって宣誓した証人などがウソをつくことで，偽証罪，虚偽告訴等罪などがあります。

❖職権濫用の罪

公務員職権濫用罪などがあります。

❖賄賂《わいろ》の罪

保護法益は職務の公正と社会の信頼です。単純収賄罪，受託収賄罪，事前収賄罪，事後収賄罪などがあります。

4時間目
はじめての六法・その4
商法

▶Commercial Code

- 商法
  - 第1編　総則
  - 第2編　商行為
  - 第3編　海商
- 会社法

●0●
はじめに

商法とは，一言で言うと，ビジネス（企業）に関する法律です。民法が私たちに密接な法律で，市民の法律であるのに対し，商法は，もっぱら企業の活動を規律しています。

商売をはじめるには，資金的にも能力的にも，他人の協力が何かと必要になります。

一般に商法とは，そうした場合の企業（個人企業・共同企業）関係の特殊性を規制するために規定された法律をいいます。民法の取引に関する一般的なルールを補うものとして，迅速性・早期確定性を基本に定められています。

具体的な法律としては，個人企業・共同企業に関するルールである商法（商法典），共同企業のうち会社に関するルール・会社に関する人や組織の利害調整を規定した会社法，手形や小切手の取り扱いについてのルールである手形法や小切手法などがあります。

このように，民法に対し，商法ではビジネスでの取引に特化してルールを定めています。

法律学に関する総論のところでも述べましたが，民法と商法のこのような関係は，一般法と特別法の関係といいます。特別法である商法が優先的に適用されるのでしたね。

では個別に詳しく見ていきましょう。

●1●
商法総則

総則では，商法すべてに共通する一般的な事項を学んでいきます。

❖商人と商行為

商人は，固有の商人（商法４条１項）と擬制《ぎせい》商人（同条２項）に分かれています。固有の商人とは，「自己の名を持って商行為をすることを業《ぎょう》とする者」のことです。商行為には絶対的商行為・営業的商行為などがあり，この二つを「基本的商行為」と呼びます。「業とする」とは，営利目的で，反復・継続することを意味しています。擬制商人は，商行為をするとはいえませんが，商人とみなされる者をいいます。

自然人であれば誰でも商人となれますが，問題はいつ商人になったと判断するかです。たとえば，開業のための準備行為も商人の営業といえるかですが，一般的には，商人の行為にあたると解されています。

❖商業登記

取引が円滑に行われるように，取引上重要な事項をあらかじめ公示しておく制度を「**商業登記制度**」といいます。たとえば，株式会社は商号や資本金額などを登記しなければならないとされています（会社法911条参照）。また，あらゆる会社は，その代表者や本店の住所などを登記することになっています。

❖商号

商号とは，企業主体である商人が営業上で自己を表すための名称です。私たちが一人ひとり，名前を持っているのと同じで，企業にも区別するための名前が必要となります。

①商号の選定

商号は原則として，自由に定めることができます。これを商号選定自由の原則といいます（商法11条）。ただ，会社の場合には，種類に応じて，株式会社，合名会社，合資会社，合同会社の文字を用いなくてはなりません（会社法6条参照）。逆に，会社でない個人などが，会社であることを示すような文字をその商号に入れてはいけません（同7条）。また，不正の目的をもって，誤認を生じさせるような商号を使用してはいけません（商法12条1項，会社法8条1項）。

②商号の登記

商号の使用者には，会社と個人商人があります。会社の場合，商号は設立登記のときに必ず登記しなければならないとされています。個人の場合は，商号を登記するかどうかは自由です。

商号の登記をすると，その営業所（会社では本店）の所在場所では，他の人が同一の商号を登記することはできません。

③商号権

商号権とは，商人がその商号について有する権利をいいます。商号権には，自分の商号使用を妨げられない権利（商号使用権）と，同じ商人と誤認させるような商号を不正に使うことをやめさせる権利（商号専用権）があります。なお，未登記商号を使っている者は，他人が同じ商号を登記した後でもその商号を使えます。

④商号の譲渡

商号は契約等で，他人に譲渡することができます。これは，商号が，顧客吸引力を持つ，つまり財産的な価値を持っているためです。譲渡する際には，営業と共に譲渡するか，または営業を廃止する場合でなければ譲渡はできません（商法15条）。これは，一般の人から見れば商号は営業の名称として機能しているのだから，その所在と営業の所在は一致させたほうがよいからです。

⑤名板貸《ないたがし》

名板貸は，他人が自分の名前や商号を使用して営業することを許可することです。これは，他人に名前や商号の使用を認めている，商号制度の例外といえます。名板貸をした人を本人とカン違いして取引をした善意の第三者に対しては，その取引から生じた債務について，名板借人《ないたがりにん》と連帯して責任を負います（商法14条）。

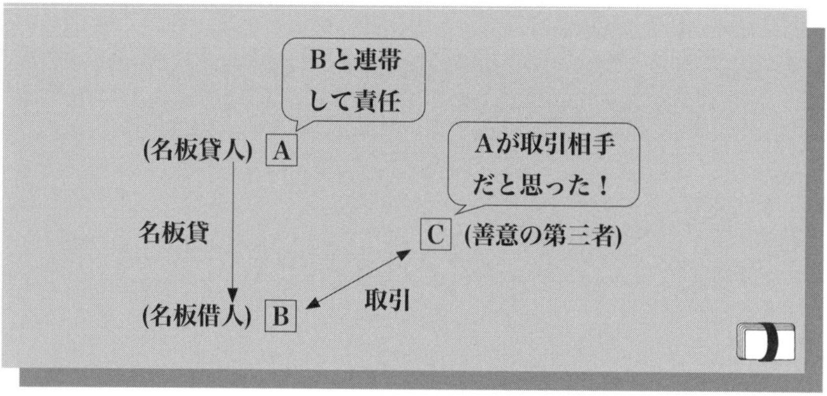

❖商業帳簿

商業帳簿とは，商人が営業上の財産，損益《そんえき》の状況を明示する帳簿をいいます。すべての商人は，会計帳簿と貸借対照表《たいしゃくたいしょうひょう》を作成しなければなりません。会社は，これに加えて，さらに定められた書類を作る必要があります。商人の会計は，公正で妥当な会計慣行にしたがわなければなりませ

ん（商法 19 条 1 項，会社法 431 条，614 条）。

❖商業使用人

商業使用人とは，雇用契約によって特定の商人に従属し，その営業上の業務を補助する者です。商業活動が大きくなると，自分一人では商売が回らなくなり，補助者を雇う必要も出てくるからです。つまり，商業使用人は，企業組織の内部で商人を補助する人たちです（商法 25 条）。

商法は，商業使用人として，以下を定めています。

商業使用人
①支配人
②部長，課長，係長，主任など
③物品販売店舗の使用人

古めかしい名称もあるのでイメージしにくいかもしれません。現代で言えば，支配人は支店の支店長あたりだと考えてください。

支配人は重要な概念ですから詳しく学びましょう。

支配人は，商人に代わって営業に関するすべての行為をすることができる代理権が認められています（商法 21 条 1 項）。これを包括的代理権といいます。

他方，支配人は，商人の信頼を受けているので，いくつかの義務も負っています。競業避止《ひし》義務は，支配人が商人と同じ営業の部類に属する取引をするのを禁じるものです。また，精力分散防止義務とは，支配人は商人のための仕事しかしてはいけないとするものです（商法 23 条 1 項参照）。ですから，掛け持ちでどこかの会社の取締役になったり，別の商人の使用人になることはできません。

これらの義務に違反すれば，損害賠償義務が生じますし，商人は支配人をやめさせることができます。さらに，支配人が競業避止義務に違反して，自分のために取引をしてしまった場合には，その取引によって支配人や第三者が得た利益の額は，商人に生じた損害の額と推定されます（商法 23

条2項)。

❖代理商

商業使用人が，企業内部で補助する者であるのに対し，**代理商**は，企業の外部において補助する者であり，独立の商人です。正確には，ある特定の商人のために，その平常の営業の種類に属する取引の代理・媒介をする者をいいます（商法27条〜)。たとえば，旅行代理店などがこれにあたります。商人と代理商の権利義務関係は，代理商契約で定めます。なお，代理商も競業避止義務を負っています。

●2● 商行為

ビジネス上の法律行為を「**商行為**」といいます。通常の民法上の法律行為よりも，大量に，かつ継続的に行われることが多いのが特徴です。

ここでは，商行為一般についての規定や，商事売買や問屋《といや》営業など特定の商行為にだけ適用される規定を学んでいきます。

❖商行為とは

商行為には，先述の通り基本的商行為である絶対的商行為（商法501条）と営業的商行為（同502条)，それに附属的商行為（同503条）があります。

絶対的商行為というのは，誰がしても，1回であっても，絶対に商行為とされる行為です。営業的商行為とは，それを営業として，反復・継続して行うと商行為として扱われる行為をいいます。これは，電気・ガスの供給や運送業務など，全部で12種類の行為が定められています。

附属的商行為というのは，商人が営業のためにする行為です。たとえば，営業資金の借り入れや，工場用地の取得などがこれにあたります。

❖商行為の規定

商法が商行為について，民法にはないビジネス仕様のルールを定めていることは先にお話ししました。ここからは，具体的な規定がどのように違っているか見ていきます。

❖商行為の代理

民法では，本人が死亡すると代理権は消滅します（民法111条1項1号）。しかし，商法では，商行為の委任による代理権は本人の死亡によっても消滅しないとしています（商法506条）。これは，本人が死亡した場合でも，営業が続く限りは代理権の存続を認めたほうが取引活動がスムーズになるからです。

また，商行為の代理では，代理人は本人のためにすることを示さなくてもよいとされています。民法では，原則として，代理人は本人のためにすることを示さなくてはいけませんでした。しかし，商法では，大量かつ継続的な取引が多いため，いちいち本人の名を示さなくてはならないのは面倒であるとしてこのような規定になっています。

❖隔地者間の申込み

民法においては，離れたところにいる者同士の間（＝隔地者《かくちしゃ》間）で契約の申込みがなされた場合，相当期間経過後であっても申込者が撤回するまでは申込みは有効です。しかし，商法では，申込みを受けた者が相当の期間内に承諾の通知を発しないときは，申込みはその効力を失うものとしました（商法508条）。このように商取引では，商人が迅速に次の行動に移れるよう配慮されているのです。

❖法定利率

お金を貸し借りした場合，民法上は利息について取り決めがなければ無利息となりますが，商法上は原則として利息がつきます（商法513条1項）。利率は，契約に特段の定めをおいていない場合には法定利率が適用されます。法定利率に関する民法の規定は2020年4月から改正され，改正法施行時点では3%としています（民法404条2項）。

❖報酬請求権

商人が自分の営業の範囲内で他人のために何らかの行為をした場合は，かかった費用はもちろん，報酬も請求できます（商法512条）。民法の場合，特に約束しなければ原則として報酬はなしですから，民法に対する特則です。商人は営利目的で活動しますから，タダ働きはしないだろうと考えるからです。

❖消滅時効

商行為か否かを問わず，債権は「権利を行使することができることを知った時」から5年で消滅時効にかかります（民法166条1項1号）。「権利を行使することができる時」から10年間行使しない場合も消滅時効にかかります（同項2号）。

次からは，特定の商行為にのみ適用される規定についてみてみます。

❖商事売買

商事売買とは，商人どうしの間で行われる商行為としての売買のことです。もちろん，民法にも売買の規定はありますが，商事売買についてはさらに特別のルールが置かれています。民法より売主の保護が強化されているのが特徴です。

❖売主の供託権・競売権

買主が目的物を受け取らないときは，売主は①目的物を供託する，または②相当の期間を定めて催告をした後，目的物を競売することができます。①の場合，引渡し義務を免れることができます。②では，代金の回収も可能です（商法524条）。腐りやすい商品などは，催告もなしに競売することができます（同条2項）。

❖買主の目的物検査・通知義務

商人同士の売買で，買主は目的物を受け取ったらすぐにこれを検査しなければなりません。そして，万が一欠陥や数量不足を発見したら，ただちに売主にそのことを通知する義務を負います（商法526条）。通知を忘れた場合，買主は契約解除や損害賠償請求などができなくなります。すぐに発見できないような欠陥があったとき，買主が6か月以内に発見した場合も同様です。6か月を過ぎると，発見・通知しても買主は保護されません。

❖買主の目的物保管・供託義務

買主が，目的物に隠れた欠陥があったり，数量が足りないなどの理由で契約を解除したとします。このとき，買主は売主がその目的物を引き取るまで，保管または供託しなければなりません（商法527条）。費用は売主が負担します。商品が注文したものと違っていたり，注文より数が多かった場合なども同じ扱いです（同528条）。

❖確定期売買

確定期売買とは，売買の性質や当事者の意思によって，一定の日時または一定の期間内に履行されないと契約の目的が達成できないような売買をいいます。たとえば，運動会の昼食用の弁当を当日の昼前に持ってくるよう業者と結ぶ売買契約がこれにあたります。この場合，弁当が午後4時に届いたのではマズいというか意味がありませんよね。商法では，一方の当事者が履行期になっても履行せず，何も言ってこなければ当然に契約が解除されたものとみなされます（商法525条）。

❖匿名《とくめい》組合

匿名組合とは，当事者の一方が相手方のために出資をし，代わりにその営業から生じる利益の配分を受けるという内容の契約です（商法535条）。匿名組合は，合資会社と似たところがあります。しかし匿名組合の場合，実際に営業をするのは出資を受けた者で，持分会社の有限責任社員と異なり，出資者は名前を出しません。そのため，「匿名」組合と名づけられたわけです。

匿名組合員は営業者に対して出資義務を負いますが，あくまで資本参加するだけですので，原則として，営業者の債権者などの第三者に対して責任を負いません。

❖仲立《なかだち》営業

仲立営業とは，営業として他人間の商行為を媒介することをいいます。たとえば，不動産屋さんがこれにあたります。この仲立営業を行う者を仲《なか》立人《だちにん》といいます（商法543条）。仲立人自身は契約の当事者とはなりません。次に勉強する問屋《といや》のように自己の名において他人のために契約を締結をしないので，代理にもあたりません。

仲立人の権利として，仲立料の請求権があります。この仲立人の報酬は仲立人が媒介した当事者双方が平等に分担することとされています（商法550条2項）。たとえば，不動産屋さんは，部屋を借りる人からも貸す人からも紹介料としていくらかもらいますよね。

❖問屋《といや》営業

問屋営業とは，自己の名をもって他人のために物品の販売または買い入れをすることをいいます（商法551条）。証券会社が問屋の典型例です。証券会社は，その証券会社の名前において，日夜顧客のために相場の激しい株式の取引をしています。そして損益はすべて顧客に返ってきます。このように，他人の計算で自己の名をもってすることを取次《とりつぎ》といいます。

問屋は以下の義務を負っています。

①善管注意義務（民法644条）
②通知義務
③指値遵守《さしねじゅんしゅ》義務
④履行担保義務

①は，問屋（証券会社）と委託者（証券会社の顧客）が委任関係にあることから負う義務です。②は，問屋は委託された物品を販売・買入れするたびに，委託者に通知する義務です。③の指値遵守義務とは，委託者が委託した物品の販売・買入れについて限度額を指定している場合，問屋がその指値に従う原則をいいます。最後に④の履行担保義務とは，問屋・第三者間の契約で，第三者が債務の履行をしないとき，問屋が自らその債務を履行する義務をいいます（商法553条）。債務の履行を担保する責任なので，履行担保義務というのです。

❖運送・倉庫・場屋《じょうおく》取引

運送取引とは，人や物を移動させる取引をいいます。商品や人を移動させることは企業社会で商売をする上でなくてはならないものですね。そこで，商法は運送取引について特別に規定を設けています。運送取引は請負契約です（民法632条）。商品の運送を請け負うわけです。

運送契約には，商品を運ぶ物品運送契約と，人を運ぶ旅客運送契約があります。運送する人が運送人，運送を依頼した人を荷送人《におくりにん》，そして，荷物を受け取る人を荷受人《にうけにん》といいます。

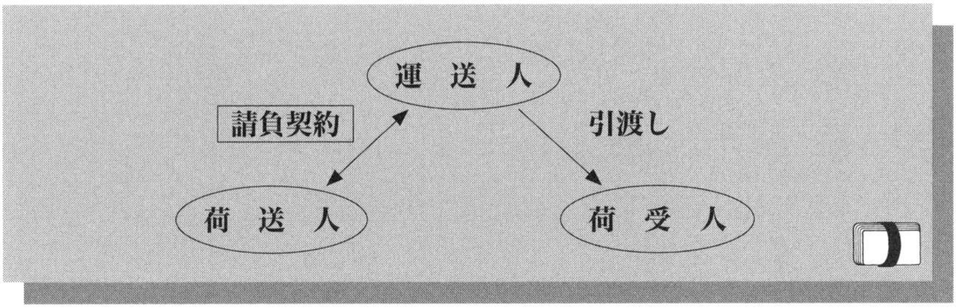

他に，倉庫取引は，倉庫の準備をして，他人のために，商取引の対象となる物品の寄託を引き受ける契約をいいます（商法599条）。「寄託」とは，物を預けることです（民法657条以下参照）。商取引では大量の商品が日々動いているため，このように倉庫についても運送と同様に特別に規定が置かれています。

最後に，場屋取引とは，公衆の来集に適する施設を設け，客にこれを利用させることをいいます。たとえば，ホテルや映画館がこれにあたります。

●3●
会社法

会社法の規定は，もともとは商法典の中に入っていましたが，現在ではズバリ「会社法」という独立した法律になっています。

❖会社の種類

会社には，株式会社，合名会社，合資会社，合同会社の四つがあります。ここからは，最も重要な株式会社についてみていきます。

❖株式会社

株式会社とは，会社債権者に対して間接かつ出資額の限度においてのみ責任を負う（間接有限責任）社員のみからなる会社です（会社法104条参照）。ここでいう「社員」は，会社の従業員ではなく，「株主」（株式の所有者）

のことです。

①株式会社の特徴

⑴株式

株式とは，社員の地位を表わす割合的単位をいいます。これは，お金を持つ人々が，簡単に会社に参加できるようにするためです。また，株式会社においては，責任が出資額の範囲に制限されていることも，会社への参加を容易にしています。

⑵資本金

株式会社のもう一つの特徴として，資本金があります。株式会社では，会社の基本的財産は，人的なものは存在せず，会社財産そのものだけです。会社経営を営むためのお金を資本金と呼んでいます。

②株式会社の設立

会社の設立とは，会社を成立させることをいいます。会社の成立には，さきほどの会社の財産，つまり資金の出資が必要です。また，会社のルール（定款）を作成し，メンバー（社員）を決め，会社の機関（取締役など）を決めていく必要があります。これは会社の実体面の形成です。

会社設立のもう一つの側面として，法人格の付与があります。法人格は本店の所在地で登記することによって与えられます（会社法49条）。

③株式会社の機関

会社は法人格を与えられると，法人として意思決定をしたり，会社を代表する機関が必要となります。

株式会社の機関には，⑴株主総会，⑵取締役(会)・代表取締役，⑶監査役（会)，⑷監査等委員会，⑸指名委員会等・執行役，⑹会計監査人，⑺会計参与があります。

株主総会と取締役はすべての株式会社で設置しなければなりません。その他の機関は，一定の条件のもとそれぞれの会社が自由に置くことができます。それでは，各機関についてみていきましょう。

株式会社の機関

①株主総会　　基本的な事項からその他株式会社に関する一切の事柄について意思決定権をもつ

②取締役(会)　　業務の執行とそれに関する意思決定権をもつ

③代表取締役・執行役　　執行・代表の機関

④監査役(会)　　業務監督権と会計監督権をもつ

⑤監査等委員会　業務執行者を監督する

⑥委員会　　取締役の指名，職務執行の監督，報酬の決定権をもつ

⑦会計監査人　　会計監査権をもつ

⑧会計参与　　取締役とともに計算書類を作成する

ちなみに株主は会社の社員という地位にありますが，機関とは呼びません。支配人なども会社の従業員であって機関ではありません。

⑴株主総会

株主総会とは，社員である株主が会社の基本的事項を議決する機関です。常に活動している機関ではないので，招集する必要があります。決算期ごとに開催する定時総会と，必要があれば開催する臨時総会とがあります。議決権は1株につき一つです。ですから，出資額の多い人は，一人であっても多くの議決権を行使することができます。株主には株式買取り請求権が認められています。これにより，会社の合併などの重要な決議で反対する株主は，会社に対して，自分の所有する株式を買い取ってもらうことができ，会社から離脱することができます。なお，株主の中には株式会社の社員ではあっても，実際には経営に関する知識が乏しく，もっぱら株の値上がりや配当を期待しているだけという人もいたりしますし，反対に経営に強い関心を持つ株主もいたりして，さまざまです。

⑵取締役(会)・代表取締役

現実の業務の決定と執行を担当する機関です。株式会社の大原則は，所有と経営が分離していることです。さきほどの株主は所有者にあたり，経営者にあたるのが，これから説明する取締役（会）・代表取締役です。

取締役は業務を執行します（会社法348条1項）。1名以上で，任期は原則2年以内，株主総会で選ばれます。

取締役会の権限は，①業務執行についての意思を決定すること，②代表取締役や取締役の業務の執行を監督することです（会社法362条）。取締役会において，ある決議について特別な利害関係を持っている取締役は，その決議に参加できません（369条2項）。また，株主総会では代理人や書面による議決権行使が認められているのに対し，取締役会の場合は認められていません。

代表取締役は，取締役会で取締役の中から選ばれます。代表取締役は，①業務を執行しつつ，②会社を代表する権限を持ちます。この権限に制限を加えても善意の第三者には対抗できません（349条5項）。

⑶監査役

監査役は，業務の執行を監督する機関です。

株主総会でも取締役の選任・解任ができ，取締役の業務執行を監督しています。ですが，経営に興味のない株主も多いので，このように別に監査役が置かれることがあるのです。

⑷監査等委員会

代表取締役をはじめとする業務執行者の監督を強化することを目的として、平成27年に導入された機関です。3人以上の取締役からなり、その過半数を社外取締役が務めます。監査等委員会は、取締役の職務執行の監査のほか、取締役の人事に関して、株主総会における意見陳述権を有します。

⑸指名委員会等・執行役

指名委員会等設置会社で設置される機関です。アメリカ型のコーポレート・ガバナンス（企業統治）を導入したもので，一定の規模を満たす大規模な会社が採用できる形態です。株主総会＋取締役会＋3種類の委員会（指名委員会・監査委員会・報酬委員会）＋業務執行を担当する執行役，で構成されます。委員会が取締役を選任したり，執行役の職務執行を監督したり，報酬を決定するので，取締役会の権限は縮小されます。ソニーや東芝，日立製作所などはこの形態です。各委員会を構成する取締役の過半数は社外取締役でなければならないなど，経営の透明性を高めるための工夫がなされています。

⑹会計監査人

会社外部の監査機関です。会計監査人は，公認会計士か監査法人です。

計算処理と付属明細書の監査を行い，その結果を監査報告書に記載します。

大会社（資本金が5億円以上，あるいは負債の合計が200億円以上の会社）では必ず設置しなければなりません（327条5項，328条）。

⑺会計参与

取締役や執行役と共同して，計算書類などの作成を担当し，株主総会で，それらの書類について説明をする株式会社内部の機関です（会社法374条）。公認会計士（監査法人を含む）または税理士（税理士法人を含む）でなければなりません。会計参与が計算書類を作成することで，計算書類への信頼がより高められます。

④企業会計

会社は利潤を求めて活動しているので，どれだけ利潤が上がったのか，株主に提示する必要があります。また，取引先等は会社の債権者となる可能性が高く，財産状況を知らせる必要もあります。そこで，会社は，会社の経済的な状況を示す書類を作成します。

黒板にまとめました。

会社の経済的な状況を示す書類

- **①計算書類**
  - **貸借対照表**
  - **損益計算書**
  - **事業報告書**
  - **株主持分変動計算書**
- **②商業帳簿**
  - **会計帳簿**
  - **貸借対照表**

貸借対照表《たいしゃくたいしょうひょう》とは，決算期の会社の財産状況を示すものです。英語では，バランス・シートと呼ばれます。

損益計算書は，その事業年度に発生した利益と損失の発生原因を示し，その年度の業績を記すものです。会社の成績表のようなものですね。

これらは，監査役・会計監査人が監査し，取締役会が承認します（会社法436条）。取締役会の承認を受けた書類は，株主総会に提出・提供されます。取締役会が設置されていない会社でも，株主総会の承認は必要です

(同 438 条)。

会社は，利益を出して，その利益＝剰余金を株主に配当するのが，原則です。株式によって資金を集めたのですから当然ですね。

ですから，株主は当然に，剰余金分配請求権を持ちます。

しかし，儲《もう》けが全然出ていない場合は，配当できません。分配できる金額，つまり分配可能額が前提として必要です。分配可能額がないのに配当することを違法配当といいます。違法配当がされた場合には，会社は株主に対して払ってしまった金額の返還を請求できます。会社債権者は，株主に直接，自己に対して支払うよう請求することができます (会社法 463 条 2 項)。ただし，取締役等は原則として違法配当額を支払う責任を負います。

⑤資金調達

株式会社が資金を調達する方法はいくつかあります。外部から調達する方法としては，銀行などからの借入れ，新株発行，社債発行が挙げられます。現在では，証券市場が発達し，大企業による銀行離れが進んでおり，株式と社債による資金調達が急速に進んでいます。ここでは，募集株式の発行と社債の発行についてみていきましょう。

⑴募集株式の発行

会社設立後に新たな株式を発行することです。注意すべき点は，株主が増えることで従来からの株主の占める割合が少なくなることによる弊害を抑えることです。優先的に株式を割り当てる制度などがあります (202 条)。

また，新株予約権というものがあります。これは，権利者が行使したときに，会社が権利者に対して新株を発行するか，または会社の有する自己株式を移転する義務を負うことになる権利です。つまり，あらかじめ決められた価格で，会社の株式を取得することができる権利ということです。

⑵社債の発行

社債とは，公衆に対する起債によって生じた会社に対する債権であって，それに対して有価証券が発行されるものです。

社債は，長期にわたって多くの人から資金を集めるのに適した方法です。長期間にわたり多数の資金を調達しようとする場合に，普通の借入れの方法では利息がかさんで大変です。

社債は会社の債務なので，元本を返済し利息を支払わなければなりません。また，株主は会社内部の構成員となりますが，社債権者は会社に対する債権者なので，総会での議決権などがないのが大きな違いです。

⑥基本的事項の変更

⑴定款の変更

定款は，会社の根本ルールです。しかし，時代の流れに合わせて定款も変更する必要がでてくるものです。会社法は，定款を変更するには，株主総会の特別決議が必要であると規定しています（466条，309条2項11号)。定款は株式会社の根本ルールなので，通常の決議では変更できないようにされているのです。

⑦解散と清算

会社が，その目的としていた事業をやめ，消滅するための手続きに入ることを解散といいます。会社の法人格は，解散によって消滅するわけではありません。会社が清算の手続きに入り，それが終わって初めてそのことを登記し，消滅します。解散する原因としては，会社の合併や倒産，株主総会の決議などがあります。

❖持分《もちぶん》会社（合名《ごうめい》会社·合資《ごうし》会社・合同《ごうどう》会社）

①合名会社

合名会社は，会社債権者に対して直接無限責任を負う社員で構成される会社です。有限責任とは対照に，無限責任社員とは，会社が債務を履行できない場合，個人的に履行の責任を負わなければならない社員をいいます。社員は会社の業務を執行する権利・義務を持ちます。重要なことがらは，社員全員の一致によって決められます。これは，かなり少人数な，家族的な会社です。

②合資会社

合資会社は，無限責任社員と有限責任社員の両方で構成された会社です。イメージとしては，株式会社・合同会社と合名会社の長所を合わせた会社だと思ってください。

実際に日本にある会社は，その多くが株式会社（かつての有限会社を含む）で，合資会社・合名会社はあまり利用されていません。

③合同会社

合同会社は，有限責任社員だけで構成され，かつ会社内部の組織運営は広く定款による自治が認められた会社です。

株式会社では，会社内部についての強行規定で自由な組織運営ができませんでした。他方，合名会社・合資会社は無限責任社員がいないと設立できず，出資者にとっては大きな負担でした。そこで会社法は合同会社という形態を認めました。

●4●
手形・小切手法

手形・小切手法は，分野全体で有価証券法と呼ばれることがあります。有価証券とは，目に見えない財産的権利を目に見える形で表す証券であって，権利の移転・行使にその証券を必要とするものをいいます。有価証券には，これから勉強する手形や小切手の他に，株券・船荷証券・倉荷証券・商品券・図書券などがあります。

そもそも有価証券は，権利を次々と流通させやすくする，権利移転の促進という目的で作られました。ですから，民法の債権譲渡などよりも簡単な方法で権利の移転ができるように工夫されています。

有価証券法では，約束手形・為替《かわせ》手形・小切手がメインテーマです。それでは個別に見ていきましょう。

❖約束手形

約束手形とは，発行者が，受取人またはその証券の正当な所持人に対して，一定の期日に一定の金額を支払うことを約束する証券です。ここで，手形の発行者を振出人，一定の期日を満期といいます。

①手形行為

手形行為とは，手形に署名することによって行う，意思表示を中心とする法律行為です。約束手形における手形行為は，振出し→裏書《うらがき》→手形保証の順で行われます。為替手形の場合，これに加えてさらに引受け→参加引受けが続きます。

振出しとは，振出人が必要的記載事項を記載して書面を作成し，受取人に交付する行為を言います。受取人は証券の所持人として権利者となり，債務者である振出人に対して権利を行使します。有価証券を発行する段階にあたります。

次に，裏書とは，法定の方式による手形債権の譲渡行為をいいます。有価証券を移転する段階ですね。受取人が手形を第三者に裏書によって移転し，裏書によって権利を取得した第三者が振出人である債務者に対して請求するということになります。

なお，この有価証券上の権利を行使する段階が支払いとなります。

たとえば，私がAから自動車を買った場合，100万円の支払いを現金で払ってもいいのですが，代わりに100万円の約束手形を振り出して支払いとしたとします。ここで，私が振出人，Aが受取人ですね。Aはその手形を裏書によってBに移転した場合，Bが私に請求をすることになります。

❖為替《かわせ》手形

為替手形は，振出人が受取人に対して振り出した手形が，支払人に対して請求される点で，約束手形と違っています。この支払人は支払いの委託を受けただけなので，支払いを絶対にしなければならない義務はありません。支払人が手形金の支払義務を負担するということを表示する行為を引受けといいます。

❖小切手

小切手とは，振出人が，満期に一定の金額を受取人その他正当な所持人に支払うことを支払人に委託する支払証券をいいます。これは，支払いを円滑に行うための手段として設けられたもので，つまりは現金の代わりです。支払いを確実かつ迅速なものにすることをねらいとしています。

為替手形と小切手の違いは，小切手の場合には，引受けという概念がないことです。

5時間目
はじめての六法・その5
民事訴訟法

▶Code of Civil Procedure

- 第1編　総則
- 第2編　第一審の訴訟手続
- 第3編　上訴
- 第4編　再審
- 第5編　手形訴訟及び小切手訴訟に関する特則
- 第6編　少額訴訟に関する特則
- 第7編　督促手続
- 第8編　執行停止

●0●
はじめに

民事訴訟法は，私人《しじん》間で紛争が起こった際の裁判上の手続きについて定めています。憲法や民法と違いあまり目立たないのですが，実は非常に身近な法律です。たとえば，知人に金を貸したのに返してもらえないとか，いとこが離婚騒動になっているとか，交通事故に巻き込まれた場合を考えてください。「裁判沙汰《ざた》」において必要になるのが，この民事訴訟法なのです。

たくさんの人が共同生活をしていれば，紛争が起こることもあります。もちろん当事者同士で解決できればベストですが，それができない場合には，最終的に誰かが決着をつけなければなりません。裁判所におけるその手続きが民事訴訟です。

●1●
訴訟の主体

訴訟手続きに登場するメインキャラクターは，①裁判所（裁判官）と，原告，被告です。原告と被告をあわせて②当事者と呼びます。それでは詳しく見ていきましょう。

❖裁判所

司法権を行使する国家機関が**裁判所**です。最高裁判所を頂点として，全国にある下級裁判所から成り立っています。下級裁判所には，高等裁判所，地方裁判所，家庭裁判所，簡易裁判所があります。

最高裁判所には，裁判官が15名，うち1名は最高裁判所長官です。15人の大法廷，または5人の小法廷で審理が開かれます。

高等裁判所は，原則3人の裁判官の合議制で行われ，うち1人が裁判長となります。地方裁判所では，単独制（裁判官1人）で行います。

❖当事者

裁判のもう一方の主体となるのが，**当事者**です。訴える人（＝原告）と訴えられる人（＝被告）ですね。

当事者のうち，原告側が裁判所に訴えを提起します。そこで訴状《そじょう》が作成されるわけですが，訴状にはまず，当事者を記載する必要があります

(133条2項1号)。誰と誰の紛争であるかということは必要不可欠な情報です。

①当事者能力

ここで，誰でも訴訟の当事者になれるわけではないことに注意が必要です。民事訴訟の当事者になることができる資格を当事者能力といい，自然人や法人は権利能力者として当事者能力をもっています。権利能力をもたない財団や社団も，代表者や管理人が存在すれば，当事者能力はあります。

②訴訟能力

では，当事者能力があれば，すべて自然人は単独で有効に訴訟行為をしたり，相手方や裁判所の訴訟行為を受けたりすることができる（=訴訟能力をもつ）のでしょうか？

これは原則として，行為能力のあるなしを基準にして決められます。たとえば，未成年者および成年被後見人は，原則として訴訟無能力者であり，訴訟行為は必ず法定代理人によって行われます。

また，法人には，訴訟能力はありません。理事や代表取締役などの代表者が，法人に代わって，訴訟行為を行います。

③当事者権

当事者が，訴訟を進める上で認められている訴訟の主体としての権利を総称して当事者権といいます。

ちなみに，他に訴状に必ず記載されなければならないことがらは，法定代理人，請求の趣旨・原因です。請求の趣旨とは，原告が要求している判決の主文内容で，請求の原因は，請求の趣旨を補足するものです。

●2●

訴訟の開始

では，実際に訴訟がどのように始まるのかを見ていきましょう。

❖訴えの提起

さきほども触れましたが，訴えの提起は，原告が訴状を作って裁判所に提出するのが原則です。訴状を受け取った裁判官は，訴状を点検します。訴状に記入もれなどの問題がなければ，訴状の副本が被告に送られます。裁判長は口頭弁論《こうとうべんろん》期日《きじつ》を定めて，当事者を呼び出します。なお，口頭弁論とは，民事訴訟において当事者が主張を述べ合うことをいい，この口頭弁論が行われる審理の日を口頭弁論期日といいます。

訴えは，その保護しようとする権利の種類によって大きく三つに分類されます。

①給付の訴え

給付《きゅうふ》の訴えは，原告が被告に対し給付請求権を主張するものです。たとえば，「貸した金を返せ」，「売買代金を支払え」，「土地を引き渡せ」などと主張する場合です。原告勝訴の場合は，被告が原告に給付しなさいという給付判決がでます。

②確認の訴え

確認の訴えは，ある権利関係が存在すること，存在しないことの確認を主張する訴えです。たとえば，「その花瓶の所有権はわたしにある」という主張などがそうです。

③形成の訴え

形成《けいせい》の訴えは，法律状態の変化の主張と，その変化を宣言する形成判決の要求を請求内容とする訴えです。婚姻の取消し，離婚，離婚の取消しなどがこれにあたり，形成判決の確定によって法律関係に変化が生じます。

❖管轄《かんかつ》

原告は作成した訴状を提出するわけですが，どの裁判所に提出したらよいのでしょうか？　簡単に自宅の最寄りの裁判所というわけにはいかないこともあります。この疑問に答えるのが，管轄というルールです。訴訟は，各裁判所が分担して処理していて，管轄で，その分担の仕方を決めているのです。

管轄の決め方にはいくつか種類があります。

①任意管轄と専属管轄

任意管轄とは，当事者の意思によって法が定めている管轄と異なる管轄を認めてよいものをいいます。一方，専属管轄では，法が定めている管轄に従わなければなりません。

②職分《しょくぶん》管轄

職分管轄とは，各事件をどの種類の裁判所が管轄するかという問題です。まず，第一審裁判所となるのは，簡易裁判所と地方裁判所です。第二審裁判所は，地方裁判所と高等裁判所，そして，第三審裁判所は高等裁判所と最高裁判所の順になります。

③普通裁判籍と特別裁判籍

この他，普通裁判籍と特別裁判籍があります。前者は，一般的に認められる裁判籍で，後者は特別な理由によって普通裁判籍と異なる場合の裁判籍のことです。訴訟は，通常，被告が普通裁判籍の所在地を管轄する裁判所が担当します。たとえば，東京の友人（原告）が，神戸の私（被告）に「貸した金を返せ」といって訴える場合，神戸地方裁判所が第一審裁判所となります。ただ，たとえば交通事故などの，不法行為の場合は，不法行為が行われた場所にある裁判所で裁判を行うなどの特別なルールがあります。

●3●

訴訟の審理

ここでは，裁判所の審理のプロセスを見ていきます。裁判所はすべての訴えに対して審理をするのか，また，審理は実際どのようにして行われるのかを中心に勉強します。

❖訴訟要件

原告からの訴えがあれば，裁判所はどのような訴えに対しても審理をするのかというと，そうではありません。訴訟要件が備わっていない場合には，裁判所はその訴えを却下したり，管轄違いの場合は移送決定し，訴訟要件の欠如が直せるようなら直すよう命じたりします。このように，訴訟要件とは，訴訟上の請求の当否について判断する判決（本案《ほんあん》判決）が行われるのに必要とされる要件のことをいいます。

訴訟要件の有無を判断する基準時は，事実審の口頭弁論終結時です。なお，事実審とは，事実認定と法適用の両側面から行われる審理をいいます。法律審は，違憲問題など法令の適用・解釈のみをします。

❖訴えの利益

訴えの利益とは，訴えによって本案判決を求めるに値するだけの原告側の利益のことです。言い換えれば，訴えが本案判決を受けるための要件と言えます。

訴えの利益が問題となるのは，確認訴訟において確認の利益があるかどうかです。一般に確認の訴えでは，原告の権利や法的地位について，危険や不安があり，それを取り除くために確認の訴えが有効な場合に訴えの利益があるとされます。

たとえば，私がパソコンを所有していて，自分以外の人を相手どって所有権確認の訴えを起こすことは可能です。ただ，パソコンの所有権について争っていない他人を相手どって訴えて，裁判所がそれを審理し判決する必要はありません。これは，原告である私に確認の訴えの利益がないためです。

給付の訴えについては，原告が期限が到来した給付請求権を主張していれば，訴えの利益があるとされます。

形成の訴えの場合は，訴えができる場合が個別に法律で決められています。

❖当《とう》事《じ》者適格《しゃてきかく》

当事者適格とは，権利または法律関係から見て，判決を受けるのに適した当事者であるという資格のことです。原告の当事者適格は，請求認容判決によって守られる法的な利益が自分に属する資格です。また，被告の当事者適格とは，原告とその法的利益を争っている者であることです。

たとえば，交通事故により損害賠償請求権が発生したとします。この時，被害者と加害者が当事者適格を有する者となります。結局，当事者適格は，紛争を効率よく解決するために，誰と誰を当事者にしたらよいかを考えようとするための概念なのです。

しかし，法律によって第三者に当事者適格が与えられている場合があります。株主代表訴訟をする株主などがこれにあたります。

なお，当事者適格は個別の事件ごとに決まるものです。これに対して当事者能力は，一般的な事件全般についてのものなので区別してください。

❖処分権《しょぶんけん》主義

処分権主義とは，訴訟では希望する判決の内容，内容の変更，取り下げなどについて，すべて当事者が主導権をとって決めていくことを指します。裁判所は，当事者の要請を受けて訴訟をします。ですから，裁判所が紛争を勝手に見つけてきて自分で訴訟を起こすことは許されません。

この考え方は，当事者である原告と被告が主導権を握っているため，**当事者主義**と呼ばれます。

❖弁論主義

弁論主義とは，事実の主張と証拠レベルでの当事者主義を意味します。具体的には，裁判所は①当事者が主張した事実だけを認定できること，②原告被告が両方とも認める事実は認めなければならないこと，③当事者が出した証拠のみを調べることです。弁論主義では，訴訟資料の提出は，当事者の権利であり責任であると考えるのです。

❖職権《しょっけん》主義

当事者主義の対になるような概念がこの**職権主義**です。裁判所が主導権をとるもので，その一つに，職権探知主義があります。職権探知主義とは，①職権で証拠調べをする，②当事者が主張しない事実を認定する，③自白に拘束されない，というものです。

また，職権進行主義とは，訴訟手続きの進行を，当事者ではなく裁判所が行うことです。重要なのは，審理の期日をいつ開くかということで，これは裁判所の命令で指定されます。

釈明は，裁判所が事実関係や法律関係を明らかにするために，当事者に質問したり証拠を提出するよう促したりすることです。この裁判所の権限を釈明権といい，当事者主義の行き過ぎを裁判所が調節しようとする考え方です。

❖責問権《せきもんけん》

責問権とは，裁判所に対して異議を申し立てる権利です。裁判所や相手方が訴訟手続きに違反する行為をした時に，異議を申し立てることができます。ただし，当事者が訴訟行為の違法を知りながらすみやかに異議を述べなかった場合には，責問権は失われます。

❖口頭弁論

前述しましたが，**口頭弁論**とは，民事訴訟手続において当事者同士が口頭で議論することを言います。口頭弁論は，原則公開され，自由に傍聴が許されなければなりません。

建前では，口頭主義が採用されていますが，実際には口頭弁論を能率化させるための準備書面が重要な役割を果たしています。訴状が送られてきた被告が最初に提出する準備書面を特に，答弁書と言います。

❖双方審尋《しんじん》主義

双方審尋主義とは，原告被告の両方が出席し，対等に言い分を述べる機会を与えられなければならないとする原則です。

❖直接主義

直接主義《ちょくせつしゅぎ》は，口頭弁論に関与した裁判官が判決を行うという考え方です。

❖集中審理主義

集中審理《しゅうちゅうしんり》とは，事件の審理を短時間に集中して行うことです。

❖適時提出主義

適時提出主義《てきじていしゅつしゅぎ》は，当事者は訴訟進行中の適切な時期に攻撃防御方法を提出すべきだ，とする考え方です（156条）。

❖証拠

裁判所の審理では，**証拠**を用いて事実認定が行われています。裁判官は，判決を下すために，事実を認定しなければなりませんが，その手がかりとなるのが証拠です。

証拠の方法としては，文書や検証物などの物的証拠と，証人，鑑定人，当事者などの人的証拠があります。

①証拠の種類

証拠には，直接証拠と間接証拠があります。たとえば，友人Ａが私にお金を貸したとします。この時，友人Ｂがその現場を見ていたら，この友人Ｂが証人となり，**主要事実**（友人Ａが私にお金を貸したこと）を証明する直接証拠となります。これに対し，友人Ｂがいなかった場合，別の手段で主要事実を証明しなければなりません。たとえば，私が次の日，友人Ｃに対して同等の金額を貸していたら，これは**間接事実**となり，これを証明する証拠が間接証拠です。

②証明を要しない事実

証明する必要のない事実もあります。たとえば，当事者間で争いのない事実や公知の事実（一般人が広く知っている事実）などです。

③証明責任の分配

証明責任の分配とは，原告被告のどちらが立証責任を負うか，という問題です。立証責任とは，事実の存否について証明する責任のことで，**挙《きょ》証《しょう》責任**とも言います。

民事訴訟では，自己に有利になる当事者が立証責任を負っています。たとえば，友人Ａが私に，「貸した金を返せ」と訴えたとします。この場合，友人Ａが，確かに私にお金を貸したということを証明しなければなりません。

④証拠調べの手続き

証拠調べとして，民事訴訟法には，証人尋問，鑑定，書証，検証，当事者尋問が規定されています。

❖証人尋問

証人尋問は，当事者以外の人間に，過去の事実などを供述させる証拠調べです（190条）。原則として，証人は証言を拒否できませんが，例外はあります。自身の証言によって，自分や親族が刑罰を受ける可能性がある場合と，医師などが職務上秘密を守るべき場合です。これに対し，当事者尋問は，当事者に，過去の事実などを供述させる証拠調べです。

❖鑑定

鑑定とは，専門的な知識のある第三者が鑑定人となり，その知識をもとに述べた意見等を裁判所に報告する証拠調べの方法です。鑑定証人というのは，これとは少し違い，専門的知識＋具体的な事実からなります。先ほどの例を思い出してください。友人Ｂさんは，ただの「証人」で，たまたま知っている具体的事実を述べるだけでした。これに対し，患者の治療にあたった医師などは，専門的知識もあり，かつ，具体的な治療を通して具体的な事実も得ています。鑑定証人は証人に準じて取り扱われます。

❖書証

書証は，文書による証拠調べです（219条）。書証は，裁判官が読んで，記載された内容を証拠資料とします。

❖検証

検証とは，裁判官が，自身の感覚作用によって，物事の形や性質を感知し，その判断内容を証拠資料とする証拠調べです。

●4●
訴訟の終了

当事者の攻防が終わり，とうとう判決が言い渡されます。

訴訟の終了には，①裁判所の判断によって終了する場合と，②当事者の意思によって終了する場合があります。

❖裁判所の判断で終了する場合

裁判所の判断で終了する場合は，4割程度が終局判決によって終了します。裁判所が，訴訟を完結させるべきであると判断した場合に口頭弁論を終結します。ただ，終局判決は，訴訟全体を終了させるとは限りません。たとえば，地方裁判所なら地方裁判所という審級において事件を完結させるだけです。

①判決内容

裁判所が，確定した判決内容を原則として書面に作成します。これには，主文《しゅぶん》，事実，理由，口頭弁論終結の日付が記載され，当事者及び法定代理人，裁判官の署名捺印《しょめいなついん》がなされます（253条）。

「主文」とは，訴えの適否や請求の当否についての結論になります。原告が負けた場合なら，たとえば，「本件訴えを棄却する」などと記し，判決の内容を述べます。次に，「事実」で，請求の趣旨，原因，攻撃防御内容のような，裁判中のやりとりが記載されます。「理由」では，その結論を導いたプロセス，特に証拠や法規適用の説明がなされます。

判決は，公開の法廷で裁判長が主文を朗読して，言渡します。これによって初めて外部的にも正式に成立し，効力が生じます（250条）。

②判決の種類

判決には，先ほども述べた終局判決の他にもいくつか種類があります。

本案《ほんあん》判決とは，請求内容に対する裁判所の判断が示される判決です。請求認容判決と請求棄却《ききゃく》判決があります。訴訟判決は，そもそも訴訟要件が欠けているため門前払いされる判決をいいます。却下《きゃっか》判決ともいいます。

また，終局判決の中でも，事件の全部を終結する判決を全部判決，一部の場合を，一部判決といいます。

他に，裁判所が原告の請求を認容する場合であって，次の黒板のいずれかの場合には調書で判決を言い渡すことができます。この制度は，書記官に判決書に記載すべき事項を調書に記載させるものです。

①被告が口頭弁論で，原告が主張した事実を争いもせず，防御の方法も提出しない場合
②被告が，公示送達による呼び出しをしたにもかかわらず，口頭弁論の期日に出頭しない場合

③判決の効力

判決が取り消される可能性がなくなった状態を，判決の確定といいます。判決が確定すると，訴訟は完全に終了します。確定判決によって，既判《きはん》力《りょく》，執行力，形成力がそれぞれ生じます。

⑴既判力

既判力とは，判決で決まった事項について，後の訴訟で再び問題になった場合には，当事者も裁判所もひっくり返すことができないことをいいます。原則として，当事者以外には，既判力の効力は及びません。

⑵執行力

執行力は，判決内容を強制的に実現できる効力のことです。たとえば，貸金請求訴訟で原告が勝訴したとしても，敗訴した被告が任意に支払わない場合があります。原告は，被告の財産を強制的に差し押さえ，処分し，貸金を回収することで判決内容を実現することができるわけです。

また，判決が確定しなくても，仮執行宣言によって，執行力は生じます。これは，上訴審の判断を待っていたら，原告の権利保護が弱くなる場合に，下級審の判決で「この判決は仮に執行することができる」という主文を付けて言い渡されます。

⑶形成力

確定判決によって，法律関係の発生・変更・消滅という法律効果が生じる場合，この形成判決の効力を形成力といいます。

❖当事者の意思によって終了する場合

訴訟が当事者の判断で終了する場合には，以下のものがあります。

①訴えの取下げ（261条）

訴えの取下げは，原告が裁判所に対して，訴えを取り下げてしまう訴訟行為です。原則として，判決確定前なら，訴えを取り下げられます。

原告は，裁判所に取下書を提出するか，口頭弁論などの期日で口頭で取下げの意思表示を行います。

なお，原告被告両方が期日に欠席した場合など，一定の条件を満たす場合には，訴えの取下げが擬制されることがあります。擬制とは，実際にはないものを，法律上実際にあるとみなすことです。

②訴訟上の和解

裁判所は，訴訟係属中，和解をすすめることができます（89条）。和解が成立すると，和解条項が和解調書に記載され，確定判決と同一の効力を持ちます（267条）。

③請求の放棄・認諾《にんだく》

請求の放棄は，**原告が**，自分の請求に理由がないことを裁判所に対して認める意思表示をいいます。

請求の認諾は，**被告が**，原告の請求に理由があることを裁判所に対して認める意思表示です。前者が，原告の敗北宣言であり，後者が被告の敗北宣言ということになります。

請求の放棄・認諾は，通常，口頭弁論期日，弁論準備手続期日または和解期日において，口頭でその意思表示がなされます。

●5●

複雑な訴訟形態

今までは，原告が一人に対し，被告も一人という訴訟の基本形を見てきました。ここでは，訴訟の変形バージョンを勉強していきましょう。

❖多数当事者の訴訟

多数当事者の訴訟を分類すると，原告が複数，被告が一人という①二つのグループに分かれる場合と，いわゆる三面訴訟と言われる②三つのグループに分かれる場合とがあります。

①二つのグループに分かれる場合

これはさらに，共同訴訟と補助参加の二つに分類されます。共同訴訟とは，二人以上が同格で訴訟を追行する場合をいいます。同一側に立つ数人の原告や数人の被告は，共同訴訟人と呼ばれます。

これに対し，補助参加は，主従の関係で訴訟手続に関与する場合です。もう少し正確に言うと，訴訟継続中，当事者の一方を勝訴させるために第三者が訴訟に参加し，当事者を補助して訴訟を追行する場合，となります。この第三者を補助参加人，補助される当事者を被参加人といいます。

②三つのグループに分かれる場合

三面訴訟とは，第三者が，原告と被告の両方に対して第三者としての請求を出し，原告の請求と同時に判決をすることを求める場合をいいます。三面訴訟は以下の場合に許されています。

①第三者が，訴訟の結果、自分の権利が害されると主張する場合
②第三者が，訴訟の目的物が自分の権利だと主張する場合

❖広義の当事者変更

広い意味での当事者変更とは，同一訴訟手続内で第三者が当事者として参加し，従来の当事者の一方がいなくなる場合をいいます。

当事者とするべき者を間違っていたり，当事者の一部が脱落した場合に，補正するために行われます。

また，訴訟の承継といって，訴訟継続中，法律関係が変動した結果，当事者が紛争の主体である地位を失った場合，新しい主体である第三者が当事者となって訴訟を続行する場合もあります。たとえば，当事者が死亡した場合，相続人が当然に承継します。また，法人などが合併によって消滅した場合には，新しい法人が当然に承継します。

●6●
上訴と再審

訴訟が終了しても，判決内容に満足がいかないことはあるでしょう。その際に，裁判所に対して次のような不服申し立ての方法があります。

❖上訴《じょうそ》

上訴とは，判決が確定する前に，裁判の取消しや変更を求めて不服申し立てをすることです。上訴が適法とされるには，上訴の利益があることや，上訴権の放棄がないこと，上訴権の濫用にあたらないことなどがあります。この上訴要件に欠ける場合，上訴は却下されます。つまり，上訴要件は訴訟要件であり，上訴の却下は，訴えの却下というわけです。

上訴には，控訴《こうそ》，上告《じょうこく》，抗告《こうこく》の３種類あります。

①控訴

控訴は，第一審の終局判決について，その終局判決の取消しを求めて，第二審裁判所に対して行うものです。たとえば，第一審が簡易裁判所なら，地方裁判所に，地方裁判所なら高等裁判所に，というふうになります。控訴の申立人を控訴人，相手方を被控訴人といいます。

控訴は，法令違反と事実認定不当の両方の理由で上訴ができます。控訴期間は，控訴人が判決の送達を受けてから２週間です。

②上告

上告とは，控訴審の終局判決に対する上訴，法律審への上訴を意味します。上告審では，原判決に法令違反がないかどうかだけを判断します。ですから，原則として事件の事実関係を認定しなおしたりしません。原判決を事後的に審査するものと言えるでしょう。

なお，第一審が地方裁判所なら，第二審は高等裁判所なので，上告審は最高裁判所となります。

③抗告

抗告とは，決定と命令に対する独立の上訴をいいます。つまり，判決以外の裁判に対する独立した上訴です。

抗告には，通常抗告と即時《そくじ》抗告の２種類があります。通常抗告とは，抗告提起の期間の定めがない抗告をいいます。よって，抗告の利益がある限りいつでも提起できます。これに対し，即時抗告は，抗告期間が決まっているものをいいます。

なお，憲法問題を含む場合は，最高裁判所に抗告できます。これを，特別抗告と呼んでいます。

❖再審《さいしん》

再審とは，確定した終局判決に，重大な瑕疵があった場合に，判決の取消しと事件の再審判を求める非常の不服申し立てをいいます。上訴は，裁判が確定する前に行う不服申し立てで，再審は，確定した裁判である確定判決に対する不服申し立てです。

法が定めている再審の条件(法定再審事由)をまとめると,次のとおりです。

①裁判所の構成の違法
②当事者の訴訟追行上の障害
③判決の基礎手続きにおける犯罪に関連する重大な欠陥
④判決の基礎たる裁判等の変更
⑤重大な判断の遺脱
⑥確定判決との抵触

裁判所は，再審の訴えの適法要件を審査し，要件が欠けていれば，決定で訴えを不適法として却下します。

訴えを適法と認めた場合，再審事由があるかどうか審理し，再審事由があれば再審開始の決定をします。そして，再審決定後，本案の審理を行い，判決が不当なら判決を取り消し，これに代わる判決をします。判決が正しいとなれば，再審請求は棄却されます。

再審手続きの流れを黒板にまとめましょう。

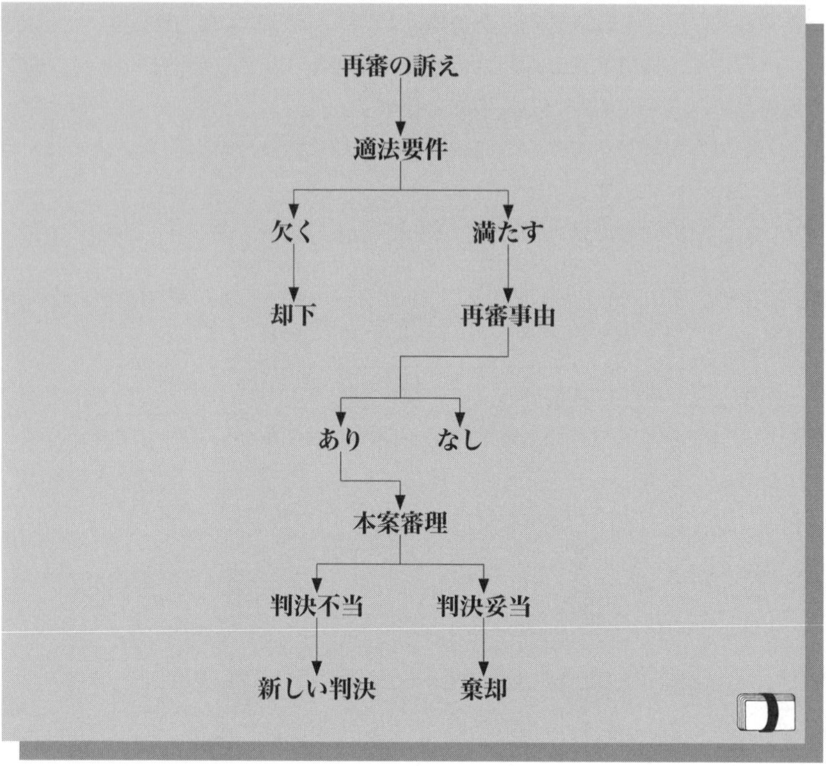

●7●
簡易訴訟手続き

一般に裁判は長いものと考えられているようですが，民事訴訟法は，簡単で迅速な裁判手続きも準備しています。これは，比較的経済価値の小さい訴訟などは，裁判を長々とやること自体合理的でないという判断からです。また，手形・小切手などは商取引の手段であることから迅速性が求められるため，簡単な手続きが用意されています。

以下簡単に説明します。

❖簡易裁判所

簡易裁判所とは，訴額が一定額を超えない少額な事件を取り扱う裁判所です。口頭弁論も書面にする必要がなく，請求原因の代わりに紛争内容を明らかにすればよいだけという簡素な手続きです。

❖即決和解

即決和解は，当事者が訴えを提起する前に，簡易裁判所に和解の申立てをして，成立すると確定判決と同じ効力が認められるという制度です。

❖少額訴訟

少額訴訟とは，特に少額で複雑でない事件のために設けられた制度で，訴額が一定額以下の請求の場合に利用できます。原則，1回の口頭弁論期日で審理を終了し，判決がすぐに出ます。

❖手形訴訟・小切手訴訟

原則として，第1回期日で審理を終了します。証拠調べも，書証だけであって，証人尋問などはしません。

❖督促《とくそく》手続き

督促手続きは，債務の存在自体について当事者同士に争いがない場合に利用される制度です。たとえば，単に債務者の怠慢などで債務の履行がされないでいる事件がそうです。

債権者に，簡易，迅速に債務名義（強制執行によって実現されるべき請求権の存在とその内容を公証する文書）を与える目的で設けられています。

6時間目
はじめての六法・その6
刑事訴訟法

▶Code of Criminal Procedure

- 第１編　総則
- 第２編　第一審
- 第３編　上訴
- 第４編　再審
- 第５編　非常上告
- 第６編　略式手続
- 第７編　裁判の執行

●1●
刑事訴訟法とは

刑法は「何をしたらどんな罰を受けるか」を定めていましたが，**刑事訴訟法は，「刑法の規定をどう適用するか」を定めた法律**です。その流れについては以下の黒板を見てください。

刑事訴訟の流れ
①捜査の端緒
②捜査手続き
③公訴提起
④公判手続き
⑤判決
⑥刑の執行

この順序で，詳しくは後で見ていきます。

ところで，刑法のところで学んだ罪刑法定主義について思い出してください。罪刑法定主義とは，「犯罪と刑罰を法律で定め，かつ内容が適正でないといけない」という刑法の大原則でした。これが，刑事手続きに関する刑事訴訟法でも「手続き」が法で定まっている，かつ内容が適正であるという形で存在しています。ちなみに憲法31条から40条に規定されています。

ただ，罪刑法定主義に従って，適正な手続きということを追求しすぎると，捜査が慎重になりすぎる可能性があります。これでは，真相の解明，真実の発見に支障を来しかねません。そこで，刑事訴訟法の1条は，「基本的人権を保障しつつ，事案の真相を解明していく」という意味のことを宣言して，その目的を明らかにしています。

さて，刑事訴訟で登場する人物達を紹介しておきましょう。

刑事訴訟の登場人物
①被疑者《ひぎしゃ》，被告人《ひこくにん》
②弁護人
③検察官
④裁判官

❖被疑者・被告人

被疑者は，起訴される前の段階で犯人ではないかと疑われている者です。**被告人**とは，すでに検察官に起訴された者をいいます。

自然人だけではなく，法人や権利能力なき社団もこの対象となります。また，訴訟を進行させるためには，被告人に訴訟能力が必要です（314 条）。

❖弁護人

弁護人は被疑者・被告人の利益を保護する役割を果たしています。資格を有する弁護士がなります。弁護人を選任する方法には以下の二つがあります。

そして，国選弁護はさらに 3 種類に分かれています。

①私選《しせん》弁護　被疑者・被告人自身や親，妻・夫，兄弟姉妹が選任
②国選《こくせん》弁護　裁判所が選任

被告人が貧しくて弁護士を雇うお金がない場合などは，被告人が請求する場合があります（憲法 37 条 3 項，刑事訴訟法 36 条）。弁護人がいない場合で，被告人が未成年・70 歳以上の場合などで，請求がなくても裁判所が自身の判断で選任することがあります（37 条）。また，法律上，殺人事件などの重大事件には必ず弁護人をつけなければならないことになっています（289 条）。

❖検察官

検察官は，検察庁に属する公務員で，刑事訴訟において公訴の提起・裁判の執行の監督・捜査権限をもっています（検察庁法4条，6条，刑事訴訟法247条，191条）。訴訟当事者の一方で，被告人と対立関係にあります。

❖裁判官

裁判官は，刑事訴訟において有罪か無罪かの審理を行い，判決を下します（第一審では，一般の国民の中から選ばれた**裁判員**が裁判官といっしょに判決内容を決める事件もあります）。捜査段階では，捜査機関の請求する逮捕令状などの審査も行っています。公平な裁判確保のために裁判官の職権の独立・身分の保障はきっちりされています。

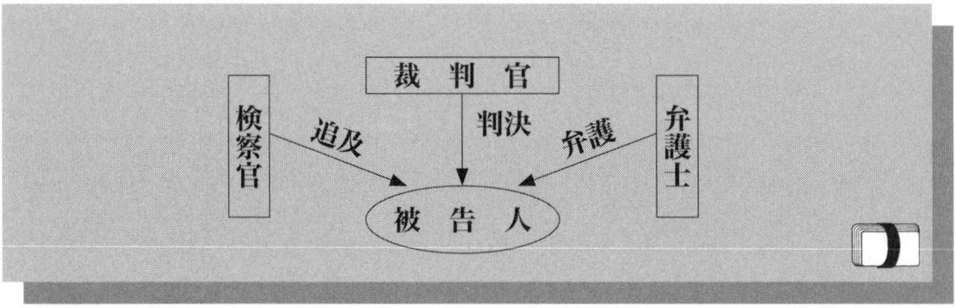

●2●
捜査

捜査とは，犯罪の有無を明らかにするために，①証拠を集め，②犯人を探し，必要があれば，③犯人の身柄を確保（逮捕・勾留）することをいいます。

❖捜査の主体

捜査は，警察官と検察官が主に行います。警察官とは，司法警察職員を指しています。捜査を主に行うのは警察官で，補充的に捜査するのが検察官になります（189条，191条）。それぞれ独立の部署に属していますが，警察官の行き過ぎた捜査を防止するために検察官には①一般的指示権，②一般的指揮権，③具体的指揮権が与えられています。

❖捜査の端緒《たんしょ》

捜査がはじまるきっかけのことで，以下のような場合があります。

①犯人の自首は，犯人が捜査機関に自ら犯罪を犯したことを申し出ることです。②被害者の申告は，被害者の告訴のことです。「告訴」とは，被害者らが捜査機関に対して犯罪があったことを申告して，犯人の処罰を求める意思表示のことです。③第三者からの告発，請求がある場合です。犯人・被害者以外の者が犯罪があったことを申告して，犯人の処罰を求めます（239条）。請求と告発は類似した概念です。刑法92条，外国国章損壊など特定の犯罪についてのみ認められています。

❖捜査機関の活動

捜査機関はその捜査のため，以下のような活動を日々行っています。

⑴職務質問

挙動が怪しい者などが犯罪に関与していないかを確かめるために，警察官がその者を停止させて行う質問のことです。

⑵所持品検査

相手が身につけている物を警察官が点検することです。

⑶自動車検問

犯罪予防・犯人検挙のため，自動車を停止させて，車の点検や運転手への質問などをすることです。

●3●
捜査方法

❖捜査の種類

捜査機関は，場合によっては，法で保障されている国民の権利・利益を同意なく侵害して捜査活動をすることがあります。これを強制捜査といいます。ですが，人権保障の観点から，原則は任意捜査となります。任意同行や参考人調べがこれにあたります。任意捜査も必要かつ相当な限度で行われなければなりません。

ここで，問題となるのは，おとり捜査の適法性です。おとり捜査とは，捜査機関がおとりとなって他人に犯罪を行うように促し，その結果，犯罪を行ったところを逮捕するという捜査方法の一つをいいます。麻薬犯罪や覚せい剤取引などの摘発で使われています。学説は，犯罪の機会を提供した場合と，犯罪を犯す意思がなかった者に犯罪を犯す意思を起こさせた場合とに分けて考えます。

❖証拠物の収集

証拠物の収集は捜査の手段の一つです。いくつか種類があります。

⑴捜索・差押え

捜索とは，令状記載の場所・人の身体・持ち物などについて，証拠物を探すことをいいます。差押えは，捜査によって発見した物について，捜査機関が占有を取得することです。捜索・差押えには，原則として裁判官が発付する令状が必要です（218条）。

令状は，捜査の行き過ぎを防止するための裁判官によるチェック機能の役割を持っています（憲法35条参照）。そこで，令状が出されるには次の条件を満たす必要があります。

①被疑者が罪を犯したと考えられること
②捜索対象に証拠が存在する可能性が認められること
③捜索・差押えが相当かどうか

以上の条件を満たすと，令状が出されます。その令状には，

令状の記載事項
①被疑者の名前
②罪名
③差押えの対象
④捜索の場所・身体
⑤有効期間

などが記されます（219条）。ただ，捜査機関が被疑者を逮捕する際に捜索・差押えを行う場合には，令状がなくてもOKとされています。これは，犯人の逃亡防止や，現場の証拠保全の重要性のためです。

⑵検証

検証とは，犯行現場など占有を取得できない場合に証拠物の形状などを認識・記録することをいいます。原則は，令状が必要ですが，被疑者を逮捕する際の検証には令状は不要とされています。

⑶科学技術的方法

写真撮影，監視カメラ，ポリグラフ検査（別名，ウソ発見器）などの方法があります。プライバシーの問題など，適法性については議論があります。

❖犯罪に関する供述の収集

捜査の手段には，犯罪に関する供述の収集があります。

⑴被疑者本人の取調べ（198条）

捜査機関は，必要があるときは被疑者を取り調べることができます。他方，被疑者には黙秘権が保障されています。逮捕・勾留されていない場合は，取調べ場所は特に決まっていません。被疑者もこれに応じるかは自由です。しかし，逮捕・勾留されている場合に取調べを受忍する義務があるかは争いがあります。実務では，義務があるとする考えが有力です。

捜査機関は，取調べの結果得られた被疑者の供述について，調書を作成することができます。

裁判員制度の対象となる重大犯罪については，取調べの録音と録画が義務づけられています。

⑵被疑者以外の第三者の取調べ

参考人取調べとは，捜査機関が，必要があるときに，被疑者以外に出頭を求めて，これを取り調べることをいいます（223条）。ただし，その者が出頭に応じるか否かは自由とされています。

❖被疑者の確保

⑴逮捕

被疑者を短時間身柄拘束する処分のことです。逃亡や証拠隠滅を防止するために設けられている制度です。以下の３種類があります。

逮捕の種類

①通常逮捕（199条）　令状による逮捕

②現行犯逮捕（212条）令状なしで，現行犯人の逮捕

③緊急逮捕（210条）重罪を犯した犯人を令状なしで逮捕

通常逮捕で，逮捕状が出されるためには，

⑴被疑者が犯人と合理的に疑われる相当の理由があること，

⑵逮捕の必要性（逃亡・罪証隠滅のおそれがあること），

という条件を満たす必要があります。ちなみに，逮捕状には，被疑者の氏名・住所，被疑事実の要旨，引致《いんち》すべき場所，有効期間などが記載されています。

現行犯人とは，現に犯罪を行い，または行い終わった者を言います。現行犯逮捕は，令状が必要なく，かつ，通行人や被害にあった店の店員などの私人でも可能です。

緊急逮捕は，死刑又は無期もしくは長期３年以上の懲役もしくは禁錮にあたる罪を犯したと充分に疑われ，かつ，急速を要するために逮捕状を求める余裕がない場合にできる逮捕をいいます。この場合，令状なしに逮捕できますが，事後にすぐに逮捕状請求手続きをしなければなりません。

では，逮捕後の手続きをみてみましょう。逮捕された被疑者はすぐに弁護の機会が与えられます。次ページの黒板を見てください。

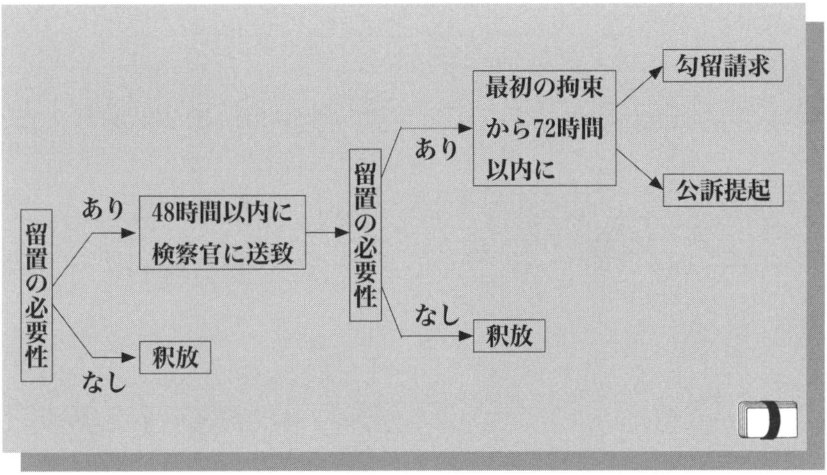

検察官がみずから逮捕した場合など警察官による過程を経ていない場合，上記と同様の判断により必要があるときは，被疑者が拘束された時点から48 時間以内に裁判官に勾留請求するか，または公訴を提起しなければなりません。

⑵勾留

逃亡・罪証隠滅を防止し，または将来の公判に備えて被疑者の身柄を確保するための裁判およびその執行のことです。通常，逮捕→勾留の流れです。勾留には以下の要件が必要です。

勾留が認められる要件

①被疑者が犯罪を犯したことを疑うに足る相当な嫌疑があること

②住所不定・逃亡・罪証隠滅を疑うに足る相当の理由のどれか一つでもあること

③勾留の必要性があること

勾留期間は請求日から 10 日間が原則です。やむをえない事情があるときは 10 日間を超えない限り延長可能で，特定の事件に関してはさらに 5 日間の延長が可能となります。

⑶逮捕・勾留をめぐる問題

別件逮捕・勾留とは，まだ逮捕の要件が備わっていない本件について取り調べるために，すでに逮捕の要件が備わっている別件で逮捕・勾留することをいいます。通説は，別件が名目上利用されているだけで，実質上本件の逮捕と言える場合には，違法であると考えています。

⑷捜査における被疑者の防御

人権保障の観点から，被疑者には自らを防御する権利が認められています。

①黙秘権　被疑者は一切の供述を拒むことができる。

②弁護人依頼権（30条2項）　被疑者・その配偶者・兄弟姉妹などの親族は，いつでも弁護人を選任できる。

③接見交通権（39条）　逮捕・勾留による身柄拘束中の被疑者が，弁護人と秘密かつ自由に接見できる権利。

④証拠保全（179条）　あらかじめ保全しておかなければその証拠を使用することが困難となる事情がある場合，第1回公判期日まで裁判官に対して押収・捜索・証人尋問・鑑定を請求できる。

⑸捜査の終結

捜査が終了すると，次は公訴の段階に移ります。

●4● 公訴

❖起訴すべきかどうかの判断

刑事訴訟において，起訴は検察官によってのみ行われるのが原則です(247条)。これを**国家訴追主義**《こっかそついしゅぎ》・**起訴独占主義**《きそどくせんしゅぎ》といいます。検察官が，証拠が不十分，起訴猶予すべき，と考えた場合，不起訴処分とします。特に犯人の情状などから起訴の必要がないと考えた場合に起訴猶予できることは，**起訴便宜主義**《きそべんぎしゅぎ》と呼ばれます。

しかし，不当な不起訴が生じる可能性もあります。そこで，抑制手段として国民が構成する検察審査会《けんさつしんさかい》制度などがあります。

起訴すべきと検察官が判断しても，以下の訴訟条件を満たすことが必要です。

訴訟条件
①管轄違いでないこと
②被告人が生存していること
③親告罪につき告訴があること
④公訴時効が完成していないこと，など

❖公訴提起の手続き

検察官は起訴状を提出して起訴を行います（256条）。起訴状には，被告人の氏名その他被告人を特定するに足りる事項・公訴事実（訴追されている犯罪事実）・罪名《ざいめい》が記載されます。公訴事実については訴因《そいん》（特定された犯罪事実）を明示して記載されなければなりません。そして，起訴状には裁判官に予断を生じさせるような物を添付したりしてはなりません。このようなあり方を起訴状一本主義といい，公平な裁判の実現がその趣旨です。

●5●
公判手続き

公訴が提起されると，公判の手続きがはじまります。

公判手続きとは，検察官が起訴してから裁判所が審理・判決を行うに至る手続きのことです。**公開法廷・口頭主義・直接主義**という原則にのっとって行われます。

❖公開法廷

原則的に国民は刑事事件を傍聴することが可能です。法廷を国民の監視下におき，裁判の公正さを担保するためです（憲法37条1項，82条）。ただし例外として，公序良俗に反するケースなどでは非公開とされることがあります。

❖口頭主義

当事者の主張立証は，口頭で行わなければなりません。裁判官に対して鮮明な印象を与えて，正しい事実を認定させるためです。

❖直接主義

裁判の基礎は裁判官自身が直接取り調べた証拠によらなければならないという意味と，裁判の基礎は裁判官の目の前でされた供述証拠，物的証拠といったオリジナルの証拠によらなければならないという意味，の二つがあります。

また，これらに加えて，裁判は迅速になされなければなりません。時間が経過すると証拠が散逸してしまいますし，被告人にとっての手続的な負担も一層重くなってしまうからです（憲法37条）。そして，審理が著しく遅れて迅速な裁判を受ける権利が害された場合，免訴《めんそ》による訴訟打ち切りがなされると解されています。実際に高田事件という有名な判例があります。

❖訴訟指揮と法廷警察権

(1)訴訟指揮権

適切な訴訟進行のために，裁判所が手続きの進行をコントロールする権限のことです。

(2)法廷警察権

適切な訴訟進行のために，法廷の秩序を維持する権限。「出て行きなさい」とか「話すのを止めなさい」など必要な事項を命じたり，処置をすることができます。もしこれらに違反した場合，監置《かんち》，過料，審判妨害罪などの制裁が加えられることがあります。

❖公判はどのようにして行われるか

①公判の準備

訴訟が迅速に行われるために，当事者である検察官・弁護人は取調べ請求を予定する証拠書類・証拠物については公訴提起後，なるべく速やかにその閲覧の機会を与えなければなりません（証拠開示，刑事訴訟規則178条の6第1項1号，2項3号）。

一方の当事者が持っている証拠でも，それについて取調べ請求を予定していない場合，刑事訴訟規則178条の6の証拠調べとして保障されません。ですが，検察官と比べて立場の弱い被告人には一定の場合にはそのような証拠であっても閲覧できることがあります。

裁判所による準備には，犯人の出頭確保と手続き上の準備があります。

⑴被告人の出頭を確保するための手続き

①召喚（召喚状を発し，一定の猶予期間を置いて，裁判所などの一定の場所へ出頭を命ずる裁判）
②勾引（勾引状を発して，被告人・証人などを一定の場所に引致する裁判およびその執行）
③勾留と保釈（勾留とは被告人を身柄拘束する裁判およびその執行。保釈は勾留を維持しながらも被告人をひとまず釈放するという制度で，釈放の際に保証金を納付させ不出頭の場合に保証金を没収するシステム）

⑵手続き上の準備作業

裁判所は，検察官・弁護人に訴訟の準備の進行に関し問い合わせや準備を促す処置をしたり，出頭させて訴訟進行上の打ち合わせをすることもできます。

②公判手続きの流れ

冒頭手続き→証拠調べ手続き→弁論手続き→判決，となります。

③冒頭手続き

裁判長による人定質問（氏名などを質問して人違いでないかを確かめること），検察官による起訴状の朗読，裁判長による被告人への黙秘権告知。

④証拠調べ手続き

検察官は，証拠により証明しようとする事実を明らかにしなければなりません（296条，冒頭陳述）。なお，検察官の冒頭陳述後，裁判所は被告人・弁護人にも冒頭陳述を許すことができます。

証拠調べは，原則として当事者の請求によってなされます。裁判所による職権証拠調べは補充的に行われるにすぎません。まず検察官が請求をして，その後被告人または弁護人が請求することになります。もっとも，他の証拠の公判準備段階または公判廷の供述につき，その内容が被告人の自白を内容とする場合には，他の証拠が取り調べられた後でなければ取調べ請求はできません。

証拠調べの請求に対して，裁判所がその証拠の採否を決定します（証拠決定）。

⑤証拠調べの実施

⑴人を対象とする場合

まず，検察官・被告人・弁護人が尋問（304条）します。交互尋問という方式がとられ，まず証人の尋問を請求した者が行い，次に相手方当事者，また請求した者…というふうに繰り返されていきます。その後に裁判官が尋問することになります。また誘導尋問は禁止され，検察官・被告人・弁護人は証拠調べについて異議を申し立てることができます。

次に，被告人質問があります。被告人に当該事件について供述を行わせることです。

⑵物を対象とする場合

書類の場合は朗読（305条），それ以外の物の場合は展示（306条1項）です。

⑥弁論手続き

検察官による論告（求刑）→弁論→被告人の最終陳述→結審，の順に行われます。

⑦訴因変更

訴因とは，裁判所の審判の対象となる，検察官が起訴状に記載する犯罪事実のことです。この訴因を変更できないとすると，起訴後に新証拠が発見され，起訴状記載の訴因とは異なる犯罪事実が証明されるような場合にも，当初の訴因に拘束されることになり不都合です。そこで，法は「公訴事実の同一性を害しない限度において」訴因変更を行う権限を検察官に認めています。

また，訴因変更すべき場合とは，訴状に訴因として記載されている事実と法廷で認定された事実がズレた場合である，とするのが通説です。もっともズレがごくわずかな場合には変更する必要はありません。

訴因変更の手続きは，原則として書面で行わなければなりませんが，例外的に口頭による変更が許されることもあります。

また，訴因変更命令という制度があります。訴因事実と認定事実が食い違い，本来有罪であるのが無罪になってしまうような不都合を回避するために，裁判所が適当と認めるときは訴因変更を命じることができるというものです。原則的に義務ではありませんが，重大事件において，証拠が明らかであるにもかかわらず，検察官が訴因変更しない場合には，例外的に義務が発生します。

●6● 証拠

❖証拠とは

①証拠裁判主義（317条）

事実認定は証拠によらなければならない，という原則です。

②証拠の種類

次の二つの意味があります。

⑴犯罪事実を推認させる根拠となる情報資料（証拠資料）
⑵そのような情報資料の媒体（証拠方法）

たとえば，証人という証拠方法を利用することで証言という証拠資料が得られます。証拠資料について分類すると，以下のようになります。

⑴直接証拠と間接証拠

直接証拠は犯罪事実を直接証明する証拠のことで，間接証拠は犯罪事実を推認させる事実を証明する証拠のことです。

⑵供述証拠と非供述証拠

供述証拠とは犯罪事実について人間の記憶を言葉で表現した証拠で，証言や自白のことです。非供述証拠とは犯罪事実について物に残った証拠のことです。

⑶実質証拠と補助証拠

実質証拠とは犯罪事実の存否を証明する証拠のことで，補助証拠とは実質証拠の証明力に影響を及ぼす事実を証明する証拠のことです。補助証拠には，証明力を弱める弾劾《だんがい》証拠，逆に強める増強証拠，いったん弾劾証拠で弱められた証明力を強める回復証拠があります。

一方，証拠方法については，人証《じんしょう》，物証《ぶっしょう》，書証《しょしょう》と分類できます。人証とは人間が証拠方法となる場合で，その内容は人が供述証拠を提供し，証拠方式は尋問，といったもので具体的には証人や鑑定人のことです。物証とは物が証拠方法となる場合のことで，証拠物を指します。書証とは書面の内容が証拠となるもので証拠書類などを指します。

③証拠能力と証明力

証拠調べが許容されるための要件が証拠能力で，その証拠がどれくらい犯罪事実を証明できるかという程度の問題が証明力です。

⑴厳格な証明

厳格な証明とは，証拠能力ある証拠を法定の手続きに従って取り調べて行う証明のことです。犯罪事実の認定に必要とされます。犯罪事実とは，構成要件事実，違法有責事実，処罰条件事実，刑の加重減免事由などのことです。

⑵自由な証明

自由な証明とは，証拠を適当な方法で取り調べて行う証明のことです。これは犯罪事実と比べて重要でない事実の場合で，たとえば訴訟条件など訴訟手続き上の事実などの場合です。

❖証拠能力

厳格な証明に要求される証拠能力は 2 種類あります。

①自然的関連性…犯罪事実を立証する最低限度の証明力があるか
②法律的関連性…自然的関連性があっても，これを証拠とすることが
刑事訴訟政策上妥当といえるか。

自然的関連性がない場合として，単なる噂があります。法律的関連性がないとされる場合として，伝聞法則《でんぶんほうそく》に反する場合，自白法則に反する場合，違法《いほう》収集《しゅうしゅう》証拠《しょうこ》排除《はいじょ》法則に反する場合，があります。

⑴伝聞法則

伝聞証拠とは，公判廷外で他人が言った内容をその内容とする証拠のことです。伝聞法則にひっかかると，その証拠は伝聞証拠として，法律的関連性がないとされて，証拠能力が原則否定されます。

⑵自白法則

自白とは，自己の犯罪事実を認める被告人の供述のことです。判例は，公判廷の自白とそれ以外の自白に区別し，公判廷の自白は憲法38条の自白には含まれず，無条件に証拠となるとしています。公判廷外の自白については，不任意の自白を排除するという自白法則の適用を受けます。

⑶違法収集証拠排除法則

違法な手続きで収集された証拠の証拠能力を否定する考え方のことです。明文はありません。無令状捜索・差押えの結果得られた証拠などを指します。判例・通説では認められています。

・毒樹の果実の理論…違法な手続きで収集された証拠によって収集された他の証拠が違法収集証拠として排除される，という理論のことです。もっとも，第一次証拠と第二次証拠の関係が希薄な場合，または独立している場合は許容される，と考えるべきです。

・善意の例外の場合…捜査官が自らの行為を合法と信じた場合，違法だったとしてもその収集証拠は排除されないとする考え方です。日本では否定されています。

・私人による違法収集証拠の場合…私人による場合には，証拠能力が認められると考えるべきです。

❖証拠の評価

⑴自由心証主義（318条）

原則として，証拠の評価は裁判官の自由な判断にゆだねられます。例外として，自白法則があります。また，自白には補強が必要です。補強のための証拠（補強証拠）は，証拠能力があり，被告人の自白から独立したものであることが必要です。

⑵挙証責任の問題

当事者の攻撃防御の結果，犯罪事実の存否が不明だった場合も裁判所は結論を出さなければなりません。これが挙証《きょしょう》責任の問題で，この場合，挙証責任を負う側の主張が退けられます。被告人は無罪であると推定されるため，原則として，検察官が挙証責任を負います。もっとも，刑法 207 条の同時傷害の特例の場合や 230 条の 2 の名誉毀損罪の公共の利害に関する事実の特例の場合などには，例外的に被告人に挙証責任が転換されます。

なお，「推定」とは，ある事実から他の事実の存在を推認することです。推認が法律にそって行われる法律上の推定と，経験則にそって行われる事実上の推定があります。事実上の推定に法律上の効果はありませんが，法律上の推定は，これにより挙証責任が実質的に被告人に転換されるので，問題があります。もっとも，推定規定に合理的関連性・必要性があれば許容されるとする見解が多数です。

●7● 裁判

❖裁判とは

裁判所または裁判官の意思表示たる訴訟行為のことです。

❖形式による裁判の分類

①判決…口頭弁論が要求される裁判所による裁判です。不服の場合には控訴・上告ができます（372 条，405 条，43 条 1 項）

②決定…口頭弁論が要求されない裁判所による裁判です。不服の場合には抗告ができます（43 条 2 項，419 条）

③命令…口頭弁論が要求されない裁判官による裁判です。不服の場合には準抗告ができます（43 条 2 項，429 条）

❖内容による裁判の分類

⑴有罪判決（333 条～335 条）

犯罪の証明があったときは有罪判決が言い渡されます。その際，刑の言渡し，あるいは，刑の免除の言渡しがされます。有罪の言渡しでは，罪となるべき事実，証拠の題目，法令の適用を示す必要があります。また，訴因に示された犯罪事実の全部を認める場合だけでなく，一部を認める一部認定をすることもできます。

⑵**無罪判決**（336条）

被告事件が罪とならないとき（構成要件に該当しない，違法性阻却事由，責任阻却事由のいずれかがあるとき），または被告事件について犯罪の証明がない場合には，無罪判決が言い渡されます。

❖裁判の効力

⑴**内容的確定力**…裁判の内容的確定によって執行力が生じ（471条），さらに別訴を提起しても，もはや裁判の意思表示の内容を取り消したり変更できなくなるという既判力《きはんりょく》が生じます。

⑵**一事不再理効《いちじふさいりこう》**…一度審判を経た以上，同一事件について再度公訴提起することはできないという原則です。もし公訴を提起したとしても免訴判決が言い渡されます（337条1号）。また，効力の及ぶ範囲として，訴因だけでなく公訴事実を同一にする範囲（客観的範囲），その判決を受けた被告人のみ（主観的範囲），第一審における判決言い渡し時（時間的範囲），という限定がつきます。

●8●
救済手続き

誤審を防ぐために，救済の制度が存在します。

①対象による分類
- **判決⇒控訴，上告，再審，非常上告**
- **決定⇒抗告**
- **命令⇒準抗告**

②確定判決に対するか否かによる分類
- **未確定裁判に対する⇒上訴（控訴，上告，抗告）**
- **確定判決に対する⇒非常救済手続き（再審，非常上告）**

❖上訴

当事者の申し立てにより開始されるのが原則（351条）ですが，被告人の弁護士，親などの法定代理人も申し立てが可能です（353条・355条）。そして，上訴するには上訴の利益が必要で，無罪判決が出た場合には被告人は上訴できません。上訴権は裁判の告知によって発生し，控訴・上告は14日間，即時抗告は3日，特別抗告は5日で消滅します。通常抗告に制限はありません。また一部上訴も可能です（357条）。

なお，**不利益変更の禁止**というルールがあります。被告人が控訴・上告した場合，または被告人のために控訴・上告した場合には，控訴・上告審で原判決よりも重い刑に変更することはできないというものです（402条・414条）。

❖控訴

第一審判決に対する高等裁判所への不服申立てのことです。控訴理由は法定されています。控訴申立てが適法で，しかも控訴理由に該当する誤りがある場合には，判決で原判決が破棄されます。この場合，控訴裁判所が自ら判断する「自判」の場合，裁判のやり直しのために事件を第一審裁判所に差し戻す場合，他の裁判所に移送する場合，の三つがあります。

❖上告

判決に対して最高裁判所に上訴することです。原則として，憲法違反と判例違反の場合にのみ上告ができます。上告に理由があるとき，原判決を破棄し，事件を原裁判所・第一審裁判所に差し戻す，他の裁判所に移送する，ただちに判決できる場合には自判する，という三つのプロセスのいずれかがとられます。

❖抗告・準抗告

抗告は決定に対する不服申し立てで，準抗告は命令に対する不服申し立てのことです。抗告は次のページの黒板のように分類できます。

①一般抗告…通常抗告と即時抗告
②特別抗告

通常抗告は，裁判所の管轄または訴訟手続きに関して，判決前にした決定以外の決定を対象とするものです（419条・420条）。

即時抗告は，法律の条文で個別に明示されています（25条，339条2項など）。速やかにかつ独立して決着をつける必要がある場合です。

特別抗告は，最高裁判所を管轄裁判所とする抗告のことです。

❖非常救済手続き

①再審

判決が確定してしまった後で，確定判決是正のために行う裁判のやり直しのことです。この制度の趣旨は，無実の被告人の救済にあります。

②非常上告

検事総長が，判決確定後にその事件の審判が法令に違反していることを発見した場合に，最高裁判所に対して行うものです（454条）。

●9●
略式手続き

略式手続きとは，公判での審理を経ずに書面審理だけで被告人に対して財産刑を科す手続きのことです。多くは，交通違反や交通事故の過失犯です。略式手続きの要件は以下の通りです。

①簡易裁判所の事物管轄に属すること
②50万円以下の罰金または科料が法定刑に含まれるもの

略式手続において，検察官は，簡易裁判所に起訴状を提出して，略式命令を請求します（462条）。

裁判所は，略式命令請求が適法でない場合や，略式手続きによるのが適切でないと判断した場合，略式命令を発しないで，通常の公判手続きに移行して審判をしなければなりません。

●10●
少年法

少年法は，20 歳未満の少年が，犯罪行為などの非行をした場合に，健全な育成を目的として，特別な取り扱いをしています。

❖少年審判

非行少年の教育的保護を目的として，家庭裁判所で行われる手続きのことです。家庭裁判所の権限として，少年または保護者に対して呼び出し状または同行状を発することができ，少年を少年鑑別所に送致《そうち》して監護措置をとることができます。

❖審判手続き

家庭裁判所の裁判官が単独で主催します。検察官は原則としていません。また，非公開です。

❖終局決定

必要に応じて保護観察所の保護観察にするか，少年院または児童自立支援施設に送致するかどうかを決めます。ただし，非行事実が死刑，懲役，禁錮にあたる犯罪の場合で，保護処分でなく刑罰を科す必要があるときは，検察官に事件を送致します。これを逆送《ぎゃくそう》といいます。有罪となった少年は少年刑務所に入ります。ただし，18 歳未満のときに犯した罪については死刑の宣告はできません。

また，保護処分の決定に対しては，少年・法定代理人・付添人が，法令違反・重大な事実誤認・処分の著しい不当を理由として，2 週間以内に高等裁判所に抗告することができます。

巻末付録

●行為の分類
●人の一生と権利
●こまったときの相談先
●法の系統樹
●法の段階
●法の歴史

行為の分類

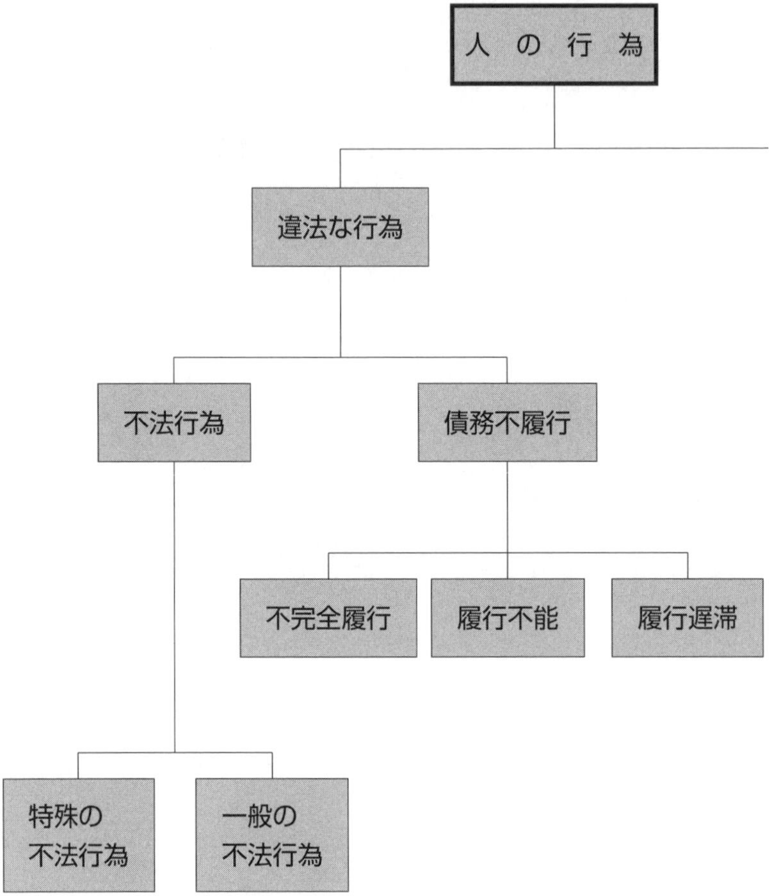

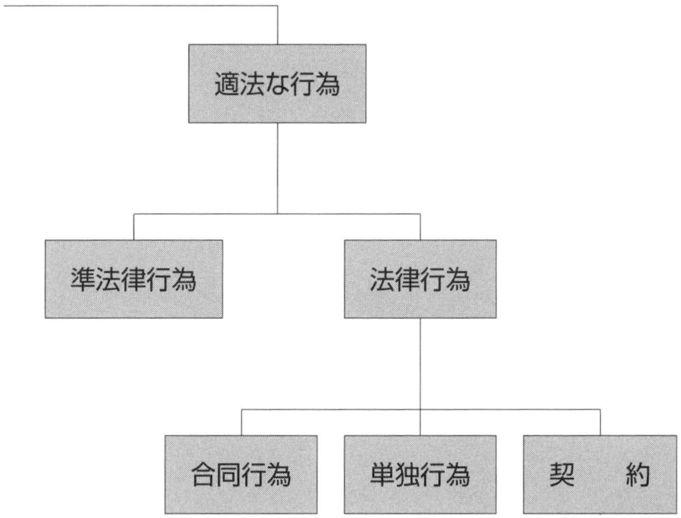
適法な行為
準法律行為
法律行為
合同行為
単独行為
契　約

人の一生と権利

	胎 児	▷相続・遺贈・不法行為による損害賠償の請求 ⇨生まれたものとみなす
	0 歳	出生
	14 歳	▷罪を犯すと刑事上の責任を負わなければならない
	16 歳	▷2 輪・原付免許が取れる
	18 歳	▷選挙権が与えられる ▷普通免許が取れる ▷成人
	20 歳	▷酒・タバコが許される
	25 歳	▷衆議院議員・都道府県議会などの選挙に出馬できる
	30 歳	▷参議院議員・都道府県知事の選挙に出馬できる

こまったときの相談先

●法律相談一般

▷都道府県・市町村の法律相談室
（☎は役所などにお問い合わせください）

▷各県の弁護士会

▷日本司法支援センター
（法テラス）

●家庭内のトラブルの相談

▷家庭裁判所
家事相談室

●税金の相談

▷国税局の電話相談センター

▷公益財団法人日本税務研究センター税務相談室

●人権侵害の相談

▷各地の法務局

▷自由人権協会

●役所の仕事に関する相談

▷都道府県の行政相談所

●生活にこまったときの相談

▷福祉事務所

▷民生委員

●職場のトラブルの相談

▷都道府県の労働相談

●交通事故の相談

▷日弁連交通事故相談センター

▷交通事故紛争処理センター
（賠償額について保険会社と交渉したがまとまらない場合など）

●消費者問題についての相談

▷国民生活センター

▷消費生活センター

法の系統樹

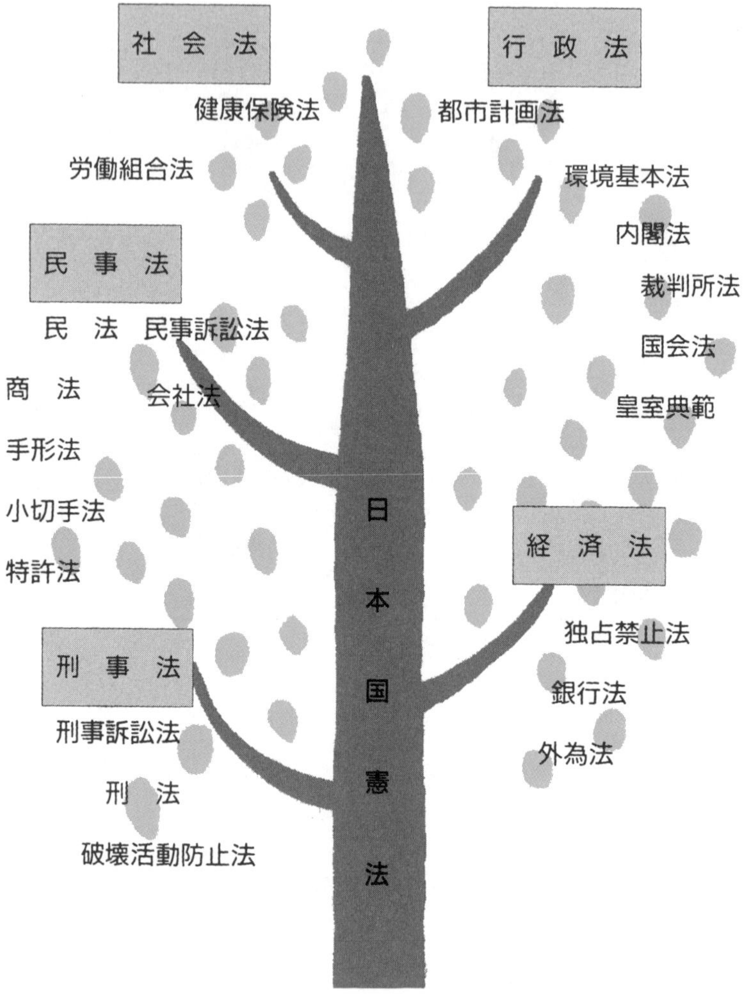
社 会 法
健康保険法
労働組合法
行 政 法
都市計画法
環境基本法
内閣法
裁判所法
国会法
皇室典範
民 事 法
民 法
民事訴訟法
商 法
会社法
手形法
小切手法
特許法
日本国憲法
経 済 法
独占禁止法
銀行法
外為法
刑 事 法
刑事訴訟法
刑 法
破壊活動防止法

法の段階

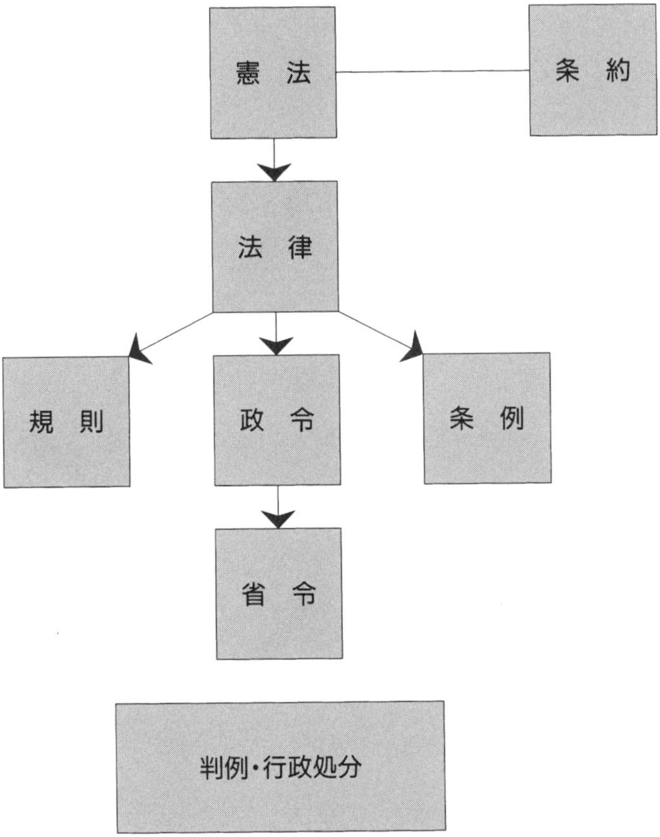

法の歴史

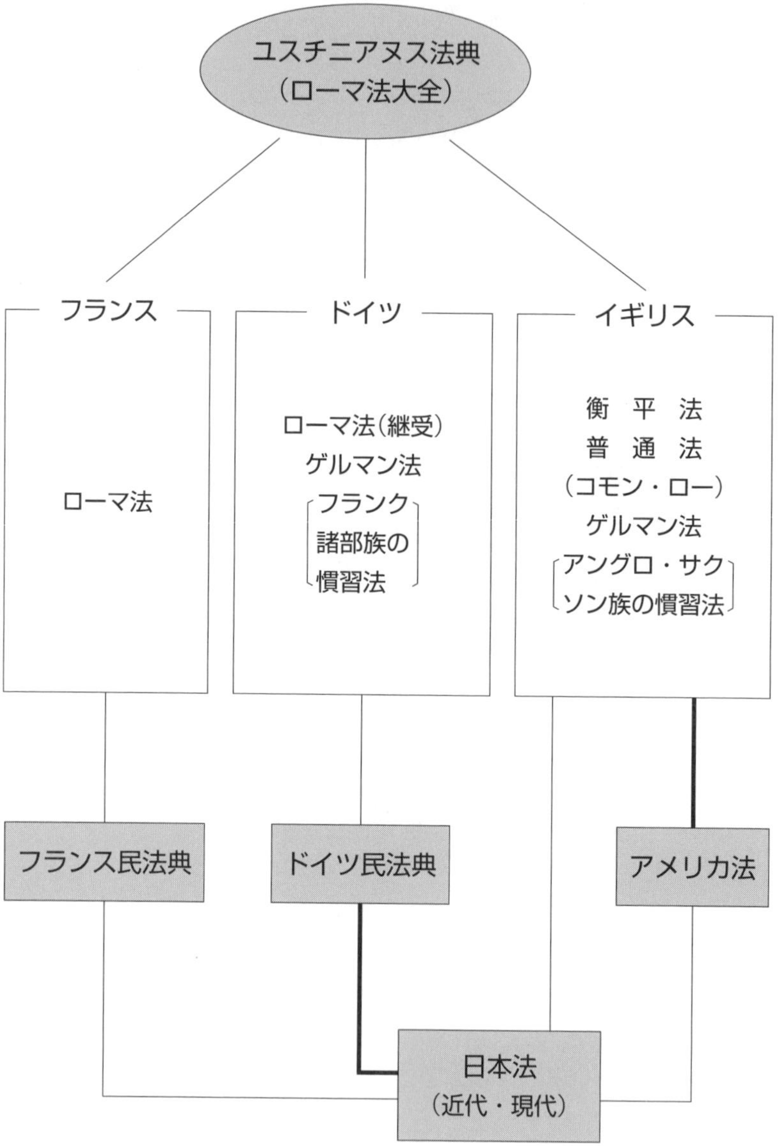
ユスチニアヌス法典
（ローマ法大全）
フランス
ローマ法
ドイツ
ローマ法（継受）
ゲルマン法
フランク
諸部族の
慣習法
イギリス
衡　平　法
普　通　法
（コモン・ロー）
ゲルマン法
アングロ・サク
ソン族の慣習法
フランス民法典
ドイツ民法典
アメリカ法
日本法
（近代・現代）

法学用語さくいん

あ

か

さ

著者プロフィール

尾崎哲夫 (Ozaki Tetsuo)

1953年大阪生まれ。1976年早稲田大学法学部卒業。2000年早稲田大学大学院アジア太平洋研究科国際関係専攻修了。2008年米国ルイス・アンド・クラーク法科大学院留学。

松下電送機器㈱勤務，関西外国語大学短期大学部教授，近畿大学教授を経て，現在研究・執筆中。

主な著書に，「ビジネスマンの基礎英語」(日経文庫)「海外個人旅行のススメ」「海外個人旅行のヒケツ」(朝日新聞社)「大人のための英語勉強法」(PHP文庫)「私の英単語帳を公開します!」(幻冬舎)「コンパクト法律用語辞典」「法律英語用語辞典」「条文ガイド六法　会社法」「法律英語入門」「アメリカの法律と歴史」「アメリカ市民の法律入門 (翻訳)」「はじめての民法総則」「はじめての会社法」「はじめての知的財産法」「はじめての行政法」「はじめての労働法」「国際商取引法入門」(自由国民社) 他多数がある。

[BLOG] http://tetsuoozaki.blogspot.com/
[E-MAIL] ted.ozaki@gmail.com
[Web] http://www.ozaki.to

About the Author

Ozaki Tetsuo, born in Japan in 1953, was a professor at Kinki University.

Graduating from Waseda University at Law Department in April 1976, he was hired as an office worker at Matsushitadenso (Panasonic group). He graduated from graduate school of Asia-Pacific Studies at Waseda University in 2000. He studied abroad at Lewis & Clark Law school in the United States in 2008. Prior to becoming a professor at Kinki University he was a professor at Kansaigaikokugo college (from April 2001 to September 2004).

He has been publishing over two hundred books including,

A Dictionary of English Legal Terminology, Tokyo : Jiyukokuminsha, 2003

The Law and History of America, Tokyo : Jiyukokuminsha, 2004

An introduction to legal English, Tokyo : Jiyukokuminsha, 2003

English Study Method for Adults, Tokyo : PHP, 2001

The Dictionary to learn Legal Terminology, Tokyo : Jiyukokuminsha, 2002

The first step of Legal seminar series (over 20 books series), Tokyo : Jiyukokuminsha, 1997～

The Fundamental English for business person, Tokyo : Nihonkeizaishinbunsha (Nikkei), 1994

The Recommendation of Individual Foreign Travel, Tokyo : Asahishinbunsha, 1999

The Key to Individual Foreign Travel, Tokyo : Asahishinbunsha, 2000

Master in TOEIC test, Tokyo : PHP, 2001

Basic English half an hour a day, Tokyo : Kadokawashoten, 2002

I show you my studying notebook of English words, Tokyo : Gentosha, 2004

American Legal Cinema and English, Tokyo : Jiyukokuminsha, 2005, and other lots of books.
He has also translated the following book.
Feinman, Jay, *LAW 101 Everything you need to know about the American Legal System,* England : Oxford University Press, 2000
＊These book titles translated in English. The original titles are published in Japanese language.

はじめての六法《ろっぽう》

2005年 3月 3日　初版発行
2022年 9月 6日　第8版第1刷発行
2024年 7月20日　第8版第2刷発行

著　者——尾崎哲夫
発行者——石井　悟
印刷所——横山印刷株式会社
製本所——新風製本株式会社
発行所——株式会社自由国民社

〒171-0033 東京都豊島区高田3—10—11
TEL 03(6233)0781(代) 振替 00100-6-189009
https://www.jiyu.co.jp/